BIBLIOTHÈQUE CONTEMPORAINE.

MÉRY,

LES

AMOURS

DES

BORDS DU RHIN.

PARIS
MICHEL LÉVY FRÈRES, ÉDITEURS
RUE VIVIENNE, 2 BIS, ET BOULEVARD DES ITALIENS, 15
A LA LIBRAIRIE NOUVELLE
1854

LES AMOURS

DES

BORDS DU RHIN

CHEZ LES MÊMES ÉDITEURS

OUVRAGES
DE
MÉRY

Format grand in-18

UN CRIME INCONNU.....................................	1 vol.
MONSIEUR AUGUSTE. — 2ᵉ édition..................	1 —
POÉSIES INTIMES.......................................	1 —
THÉATRE DE SALON. — 2ᵉ édition..................	1 —
NOUVEAU THÉATRE DE SALON.......................	1 —
URSULE...	1 —
LA VIE FANTASTIQUE. (Sous presse)...............	1 —
LE PARADIS TERRESTRE. — 3ᵉ édition.............	1 —
MARSEILLE ET LES MARSEILLAIS. — 2ᵉ édition..	1 —
ANDRÉ CHÉNIER.......................................	1 —
LA CHASSE AU CHASTRE.............................	1 —
LE CHATEAU DES TROIS TOURS....................	1 —
LE CHATEAU VERT....................................	1 —
UNE CONSPIRATION AU LOUVRE...................	1 —
LES DAMNÉS DE L'INDE..............................	1 —
UNE HISTOIRE DE FAMILLE.........................	1 —
UNE NUIT DU MIDI....................................	1 —
LES NUITS ANGLAISES...............................	1 —
LES NUITS D'ORIENT.................................	1 —
LES NUITS ESPAGNOLES	1 —
LES NUITS ITALIENNES..............................	1 —
LES NUITS PARISIENNES	1 —
SALONS ET SOUTERRAINS DE PARIS...............	1 —

LES AMOURS

DES

BORDS DU RHIN

PAR

MÉRY

PARIS

MICHEL LÉVY FRÈRES, LIBRAIRES ÉDITEURS

RUE VIVIENNE, 2 BIS, ET BOULEVARD DES ITALIENS, 15

A LA LIBRAIRIE NOUVELLE

—

1864

Tous droits réservés

LES AMOURS
DES
BORDS DU RHIN

I

UN MUSICIEN COURONNÉ

Vers la fin du mois de mars 1834, un jeune homme m'aborda devant le palais Rinuccini, à l'angle du *Corso* de Rome, et me dit :

— Vous avez le bonheur de voir tous les jours l'auguste mère de Napoléon, et vous pouvez me rendre un service de compatriote.

— Mettons-nous au soleil, lui dis-je, là, devant le le palais de l'ambassade d'Autriche, et nous pourrons causer.

— Voici, monsieur, reprit-il...; il y a déjà fort longtemps que l'Institut a commis l'imprudence de me couronner pour ma cantate d'*Ariadne abandonnée dans l'île de Naxos*. Nourrit, Levasseur, et madame Damoreau ont chanté ma cantate en public, et le succès a été immense. Nourrit m'a dit :

» — Jeune homme, poursuivez, vous irez loin. La musique est en décadence. Rossini se tait. Les vieux s'en vont. La musique est aux jeunes gens...

» — Oui, interrompis-je, chaque siècle dit cela ; c'est le refrain éternel. L'art, la poésie, la musique s'en vont toujours, mais on les arrête toujours à la frontière, ils ne partent jamais.

» On m'envoie à Rome pour continuer les fortes études que mon art exige. L'État me donnait mille écus par an. En voici l'emploi : je me suis promené du Vatican au camp Prétorien, et du château Saint-Ange au tombeau de Cécilia ; j'ai joué aux dominos avec les élèves de M. Ingres, au café du *Grec* ; j'ai fait des dettes chez Lepri, je suis devenu amoureux d'une Fornarina, et je n'ai jamais entendu une note de musique. Vous voyez que je vous parle franchement.

— Maintenant, lui dis-je, voyons le service que je puis vous rendre.

— Connaissez-vous, reprit-il, le cahier des charges que l'Institut impose aux prix de Rome ?

— Non, apprenez-le moi.

— Après avoir étudié la musique à Rome, nous dit l'Institut, vous irez en Allemagne, et vous continuerez les mêmes études. Me voilà donc obligé d'aller boire de la bière, et de jouer aux dominos sur le Danube et sur le Rhin, pour être un compositeur accompli.

— Et le budget de France vous accorde encore mille écus pour ces études germaniques? lui dis-je.

— Oui, monsieur, mais il m'est impossible de quitter Rome. J'ai une passion au cœur. Si vous saviez quel mal Raphaël a fait aux jeunes artistes avec sa Fornarina! Voilà deux siècles que les filles des boulangers romains sont à la mode; il faut avouer aussi qu'elles sont toutes admirables de beauté, blondes comme l'or, blanches comme le lis, sculptées comme des déesses. C'est un mystère romain inexplicable. Le père Molinari prétend que le psaume IV, *Cum invocarem*, a prédit cela.

— Quoi! m'écriai-je, le psaume IV a prévu que toutes les boulangères seraient belles en 1834! Ce psaume qui se chantait à Complies, dans les catacombes de Saint-Sébastien, sous le règne de Caligula!

— Oui, monsieur, reprit le jeune artiste ; il y a ce verset qu'on doit traduire ainsi : « Le fruit du froment les a multipliphiés ; *A fructu frumenti multiplicate sunt.* » L'or et la beauté rayonnante des épis ont une énorme influence dans les ménages des *fornari*, dit le père dont je vous parle. Au reste, cela m'est bien égal, et à vous aussi, n'est-ce pas ?

— J'attends toujours le service, lui dis-je. C'est aujourd'hui le jeudi saint, et je veux aller à Saint-Pierre.

— Ah ! je vous accompagne, reprit-il. Descendons le Corso, et nous prendrons à gauche la *via dei Coronari*... Vous connaissez Rome ?

— Mieux que Romulus, lui dis-je.

— J'arrive au service... vous saurez que j'ai fait un opéra en cinq actes.

A ce mot, je m'arrêtai comme frappé de paralysie et d'immobilité au coin de la *via viella Murate*..

— Cela vous étonne, poursuivit-il ; mais que diable voulez-vous que je fasse à Rome ?... Un élève du Monte-Pincio m'a fourni le libretto italien : le titre est *Cléopâtre*. Le premier acte se passe sur la galère de la reine d'Égypte, après la bataille d'Actium, le deuxième à Memphis, le troisième à Tarse, le quatrième à Arsinoé, le cinquième dans la pyramide de Chéops.

— C'est là que Cléopâtre se tue? demandai-je timidement.

— Oui, monsieur, dans la chambre sépulcrale que Belsoni a découverte en 1822. Tout est conforme à l'histoire. J'ai même écrit une gamme ascendante de petite flûte, pour imiter le sifflement de l'aspic.

— C'est dangereux, remarquai-je, à la fin d'un opéra.

— Monsieur, reprit-il, permettez aux jeunes artistes d'avoir un peu d'orgueil ; c'est leur unique soutien. Je crois à un grand succès... Tenez, nous voilà devant la boutique de Merle ; voulez-vous que je vous chante deux ou trois airs de ma *Cléopâtre* ?

Merle est un libraire qui tient garnison française à Rome depuis cinquante ans avec une armée de livres parisiens. Les Autrichiens ont voulu vingt fois le déloger, mais il a résisté à tous les assauts.

Je prétextai toujours ma visite obligée à Saint-Pierre, en refusant l'audition, ou du moins en l'ajournant au lendemain.

Le jeune musicien entra dans les plus grands détails, pour me faire comprendre sa partition, sans la chanter, et en traversant la *via dei Barbieri*, il eut l'idée de me montrer le monument, dont la façade laisse lire cette inscription :

Alle arti di Melpomene
D'Euterpe e di Tersicore.

— Voilà le théâtre *Argentina*, me dit-il, et c'est là que je veux entrer, si, grâce à une haute influence, j'obtiens la protection du cardinal Fesch. Voilà le service que je vous demande. *Cléopâtre* peut me donner cinq cents écus, j'épouse ma Fornarina, et, avec un succès, je deviens le fournisseur général d'Argentina.

— Mon cher compatriote, lui dis-je, il est inutile de parler de cela à l'auguste malade du palais Rinuccini ; je connais beaucoup le chevalier Bohle, qui est très-obligeant pour moi ; nous irons ensemble chez le cardinal Fesch, son ami, et, s'il le faut, chez Grégoire XVI, qui a daigné fort bien m'accueillir lorsque je suis venu lui soumettre un projet de fouilles avec l'oncle de l'Empereur, et, comme je n'ai pas réussi pour moi, j'espère réussir pour vous.

— Il était donc inexécutable, votre projet? me dit-il.

— Oui, cent fois plus qu'un opéra en cinq actes ; il s'agissait de remettre en lumière toutes les merveilles enfouies dans le Tibre, depuis le temple de la Fortune virile et la rotonde de Vesta jusqu'au port Fromentaire, devant le mont Testaccio. Que sont devenues les statues et colonnades qui bordaient ce promenoir, aimé d'Horace et fréquenté par les boursiers de l'arc des Orfèvres? Les ravageurs ne les ont pas dévorées dans leurs invasions; elles ont été ensevelies dans le fleuve, et on les retrouverait, avec bien d'autres trésors, au moyen d'un canal de dérivation qui mettrait le Tibre à sec dans le parcours indiqué.

Grégoire XVI nous a répondu ce que le pape Clément X répondit en 1675, lorsqu'on lui proposa de venir en aide aux murs croulants du Colisée : *Pecunia caret;* je n'ai pas le sou, traduction bourgeoise. Mais cette raison ne serait pas admise pour votre *Cléopâtre.* Il suffit d'un seul mot écrit à l'*impresario* par le cardinal gouverneur.

— Ainsi, me dit le musicien transporté de joie vous me promettez d'agir pour moi ?

— Oui, et chaudement ; il est si aisé de rendre un service gratuit !

— Et pouvez-vous me promettre aussi un article dans un journal de Paris ?

— Rien n'est si aisé. J'envoie aujourd'hui même à Schlesinger, de la *Gazette musicale*, un article sur la première représentation de *Norma*, que Bellini m'a demandé à Bologne, et je profiterai de l'occasion pour parler de votre *Cléopâtre* à mon ami Schlesinger.

Nous traversions en ce moment le pont Saint-Ange, et le jeune musicien regardait le Tibre profond et rapide avec cette tristesse noire qui accompagne une pensée de suicide. Dès ce moment, je pris au sérieux cet artiste qui me paraissait destiné à donner un chapitre de plus au martyrologe de l'art.

Après la semaine sainte, je commençai mes démarches et je lui procurai quelques protecteurs influents ; il avait pris le nom de Léoni, pour se rendre propice le public romain, et c'est sous ce nom d'emprunt qu'il comparut devant l'aéropage de l'*impresario*.

J'avais quitté Rome, mais je m'étais ménagé les moyens de connaître, par correspondance, le sort de *Cléopâtre* et de son jeune auteur.

Gésualda était le nom de la Fornarina de Léoni ; son père avait sa boutique dans la rue de San-Lorenzo-in-Lucina, mais sa fille ne paraissait presque jamais dans cet endroit trop exposé au public ; elle habitait seule, avec son frère aîné, une de ces petites maisons assez mal bâties sur les hauteurs de la Trinité-du-Mont, un quartier français, à cause de cette église, restaurée par la France, et qui s'élève dans le voisinage de notre école française de *Monte-Pincio*. Le peintre Raphaël avait rencontré la Fornarina sous une treille, au sommet du Janicule, un jour qu'il venait de travailler chez les Frères carmélites de *San Pietro-in-Montorio*, et notre jeune musicien avait vu apparaître Gésualda dans l'éclaircie d'un jardin d'orangers, en descendant de la Trinité-du-Mont. Ces passions qui naissent dans le cadre lumineux de l'horizon de Rome, et au milieu des fleurs et des parfums de ses jardins, ont un caractère tout particulier dans le domaine de l'amour et le cœur des artistes ; elles sont incurables, comme les mauvaises fièvres qui viennent du soleil.

En ont-ils fait de beaux projets d'amour, tant de jeunes artistes qui, se complaisant dans l'admiration d'une œuvre première, franchissaient le seuil de leur

1.

avenir avec la joyeuse confiance du bel âge, et voulaient associer une femme à leurs triomphes du lendemain ! Celui qui a beaucoup vécu et beaucoup vu doit imiter les navigateurs, et marquer, sur la carte trop séduisante de l'art, les points noirs où viennent se briser les jeunes novices, les écueils de l'archipel des illusions.

Le lendemain de ce dimanche où le psalmiste conseille aux homme de *louer Dieu comme des enfants*, le lundi de *Quasimodo*, notre jeune Léoni entrait dans le jardin de Gésualda, pour lui annoncer une bonne nouvelle ; le printemps de 1834 semblait entrer avec lui, avec sa grâce italienne ; c'était le soir ; les fleurs embaumaient l'air, l'oiseau chantait sur les arbres, le ruisseau sous l'herbe, l'amour partout.

Les yeux et les gestes de Léoni avaient parlé avant sa bouche ; Gésualda joignait ses mains pour remercier le ciel, et elle n'avait encore rien entendu.

— Je suis reçu à Argentina ! s'écria-t-il sur une note triomphante ; ma *Cleopatra* sera l'opéra de la saison.

— Notre-Dame des Fleurs soit bénie ! dit la jeune fille : mon père apprendra cette bonne nouvelle, et il sera meilleur pour moi.

— Il n'aura plus rien à dire maintenant, je le fais beau-père après la première représentation. Le cardinal Fesch m'a servi à souhait. C'est un grand artiste, lui aussi ; il m'a montré sa galerie de tableaux, qui est superbe ; il a entendu ma partition, et il m'a applaudi en connaisseur. Le directeur d'Argentina s'est incliné devant lui, comme il aurait fait devant le pape, en disant : *Obedisco*. J'étais fou de joie. Il va engager Tacchinardi, qui rentrera au théâtre exprès pour moi ; il chantera le rôle d'Antonio ; c'est le premier ténor de l'Italie, malgré ses soixante ans ; on donne le rôle de Cleopatra à la fameuse Corsi. Rien qu'avec ces deux voix, j'irai aux étoiles ; mon ouvrage fera fanatisme, mon nom sera illustre dans l'univers, et je te le donnerai pour tout partager avec toi.

En écoutant ces mots comme paroles d'évangile, Gésualda rayonnait de joie : sa beauté avait ce caractère angélique si commun chez les jeunes filles de Rome, et même chez les paysannes de Tivoli, d'Albano, de Subiaco. On dirait qu'elle était destinée à fournir des modèles à tous les peintres de madones qui devaient y établir leurs ateliers.

Le ciel romain a donné aussi à ces jeunes filles la mélodie de la voix, et elles chantent leurs paroles dans la plus harmonieuse langue du monde. Les yeux, le cœur, les oreilles sont ravis ; on les regarde et on les écoute dans l'extase ; il semble que les vierges de Raphaël, de Corrége, de Carlo Dolce, d'Andrea del Sarto, de Fiesole, sont descendues de leurs cadres et parlent des choses de l'amour dans la langue du ciel. Léoni écoutait à genoux Gésualda, qui, joyeuse comme un enfant, chantait ses rêves d'or avec la naïve confiance de ses dix-huit ans ; son riant avenir était si certain pour elle, qu'elle le savourait déjà comme chose acquise : elle avait une villa charmante, sur le lac d'Albano, achetée avec l'or de *Cléopâtre*; elle recevait les grands artistes sous le dôme des grands pins, et leur faisait chanter les cavatines et les duos de son mari, pour donner un nouveau charme à cette musique égyptienne en l'éclairant par le soleil ; elle donnait une fête religieuse à Gensano le jour de la Fête-Dieu ; elle se voyait dans une loge d'Argentina, avec une couronne de verveine, une robe de popeline taillée par madame Desprez, couturière de Paris, établie au Corso, et partageait avec son jeune mari les applaudissements du peuple romain.

Vivant ainsi dans l'avenir, beaucoup plus dans l'heure présente, Gésualda se croyait mariée à l'église de Saint-Louis-des-Français, et dans le délire de son imagination italienne, elle oublia trop que la veille n'est pas le lendemain. On voyait luire les premières étoiles dans les éclaircies des orangers, et la brise du soir, toute saturée de parfums, murmurait de dangereux conseils, comme une Circé invisible, et trop souvent écoutée sous ce ciel romain qui semble avoir inventé l'amour.

L'abime qui sépare le rêve amoureux de la réalité bourgeoise est plus profond que l'océan de l'équateur, et on le franchit d'un pas ! Léoni, dans sa loyauté d'artiste qui ne transige jamais avec la frivole théorie de la séduction, était descendu de Monte-Pincio avec la ferme résolution de s'occuper tout de suite de son mariage et des formalités à remplir en pays étranger. Il fallait avant toute chose se rendre chez le directeur du théâtre, rue *di Torre Argentina*. Neuf heures sonnaient à la Trinité-du-Mont, et il était attendu, non-seulement par *l'impresario*, mais encore par Tacchinardi, la célèbre prima donna Corsi et la basse chantante Monella, les trois grands rôles de *Cléopâtre* ; ils s'étaient réunis, depuis la veille, pour étudier l'ouvrage, et Léoni allait probablement les trouver dans le fanatisme de l'admiration.

Léoni se préparait donc à subir un quatuor d'embrassades en ouvrant la porte du salon directorial ; mais il ne trouva que quatre saluts froids et réservés. Un signe du maître lui désigna un fauteuil ; il s'assit, et s'excusa de s'être fait attendre, en disant qu'une affaire importante qui se rattachait à *Cléopâtre* l'avait retenu au palais Colonna, chez l'ambassadeur de France, M. Latour-Maubourg.

— Cela produira de l'effet et me pose bien, pensa-t-il.

Les trois artistes gardaient toujours le silence ; le directeur s'occupait de ses lampes et des courants d'air, et allait de la cheminée aux fenêtres, sans paraître songer à *Cléopâtre*.

L'énorme partition, ornée de faveurs vertes, couvrait le pupitre du piano.

— Je les intimide, pensa-t-il, prenons la parole et attaquons la question.

Il toussa, essuya son front, rajusta ses cheveux noirs dévastés, et dit :

— Je me félicite de confier mon ouvrage à trois artistes de si haute renommée ; leur talent est déjà une garantie de succès.

Les artistes regardaient la fresque du plafond. Léoni continua :

— Vous devez avoir remarqué, mes chers et illustres interprètes, que je me suis appliqué à suivre l'exemple des grands maîtres qui ont écrit pour des voix, et non pour des tours de force...

— Ah ! monsieur, interrompit la Corsi avec un accent timbré par l'ironie, vous avez prodigué le *sol* dans mon rôle, et vous l'avez toujours placé sur la syllabe *on*, je ne sais pourquoi, et vous devez savoir que je ne donne le *sol* que sur la syllabe *i*.

— C'est vrai, murmura le directeur.

Les yeux de Léoni sortirent de leur orbite, et ses lèvres laissaient avec peine échapper un *Ah!*

— Et puis, continua la Corsi, je n'ai pas de cavatine d'entrée. Au lever du rideau, je suis couchée sur un tapis de Perse, dites-vous, et j'écoute un quart d'heure Antonio qui me chante *Regina d'amore, regina d'amore*. Que voulez-vous que je fasse, moi, quand il me dit ces bêtises-là ?

— Mais vous les écouterez, madame, dit Léoni 'une voix émue.

— Je ne sais pas écouter, reprit l'actrice.

— Vous vous promènerez sur la trirème.

— Je ne sais pas me promener sur les trirèmes ; on ne m'a jamais fait un rôle aussi bête ; un rôle qui me défend d'entrer en scène, avec un bel andante, *Io ti saluto, bel paese,* comme dans *Coriolano*, et une *cabaletta sfogata*, comme celle de *Zenobia*, qui m'a valu dix-sept rappels.

Léoni venait d'être saisi par la fièvre, et il essayait de se donner des forces pour résister à cet assaut inattendu.

— Madame, dit-il, vous savez que, dans l'histoire, Cléopâtre est couchée sur une trirème, et que...

— Je me moque bien de l'histoire ! interrompit la cantatrice ; il me faut de l'agrément dans un rôle, voilà mon histoire.

— Alors, madame, faites-vous vos opéras vous-même, et chantez-les.

— Ma foi ! monsieur, je ferais toujours quelque chose d'aussi bon que *Cleopatra*, si je m'en mêlais.

— Allons ! allons! *carina !* dit le directeur en intervenant, ne nous fâchons pas. Allons au fait. Veux-tu jouer Cleopatra, oui ou non ?

— Non !

— Madame, dit Léoni tremblant d'émotion, il y a des lois et des ordres supérieurs qui peuvent...

Un éclat de rire, noté sur le finale de l'*Italiana in Algieri*, retentit dans le salon, et consterna le jeune compositeur. Cet accès de gaieté folle et harmonieuse dura longtemps. Le directeur, *in angustie,* cachait son visage, et s'occupait de remettre en symétrie deux vases étrusques sur la console du salon.

La Corsi se leva en disant d'un ton leste :

— Je n'ai plus rien à faire ici ; ma mère m'attend.

Et elle prit congé de la société en fredonnant le *Buona sera* du *Barbier*.

Léoni, faisant un appel nouveau à ses forces, prit un air digne, et dit aux épaules du directeur :

— J'espère, monsieur, que dans un théâtre de premier ordre, un théâtre *di cartello*, il sera facile de remplacer la folle qui vient de sortir.

Le directeur, s'étant composé un visage sérieux, se retourna et dit :

— Je pourrai vous donner la Franceschini...

— Va pour la Franceschini, dit le musicien.

— Mais, poursuivit le directeur, elle est engagée au *Carlo-Felice*.

— C'était bien la peine de me la proposer! dit Léoni... Enfin... voyons... éclairez un novice .. J'aborde le domaine de l'inconnu... Monsieur Tacchinardi, vous êtes un grand artiste et un homme d'expérience... Vous connaissez toute l'Italie, venez à mon aide...

— Mon cher maestro, interrompit Tacchinardi avec une grande douceur, je voudrais bien vous être utile, mais je suis moi-même obligé de refuser mon rôle d'Antonio...

Léoni bondit sur son fauteuil comme si la terre eût tremblé.

— Et quelle raison?... murmura-t-il d'une voix éteinte.

— La raison vous paraîtra mesquine, reprit le célèbre ténor; mais elle est grave pour moi... Vous savez sans doute ce que toute l'Italie sait... Vous savez qu'à cause de ma petite taille je fais toujours mes entrées en scène à cheval; c'est une clause de mes traités. Votre premier acte se passe sur la galère de Cléopâtre, vous voyez donc qu'il m'est impossible d'accepter le rôle d'Antonio [1].

---

[1] Rien n'est inventé dans cette nouvelle historique, pas même l'entrée à cheval de Tacchinardi, stipulée dans tous les traités du célèbre ténor.

Léoni passait graduellement à l'état de fossile, il était pétrifié.

— Ensuite, poursuivit Tacchinardi, dans mon grand duo avec Cléopâtre, *Amor, fiamma del mondo,* tous les effets sont pour le soprano ; vous ne m'avez ménagé qu'un *la bémol,* et, dans tout mon rôle, je n'ai pas une seule occasion de donner mon *ré bémol* d'*Otello,* et mon *si de tête* d'*Alessandro in Babilonia*. On voit que vous avez le beau défaut d'être trop jeune. Moi, j'ai soixante ans, et les amoureux ne me vont plus. Voyez mes cheveux gris. Cependant, je dois vous dire que j'ai lu attentivement votre partition, et qu'elle renferme de très-belles choses. Vous avez de l'avenir, mais vous n'entendez rien encore au théâtre ; la ficelle scénique est plus facile à apprendre que le contre-point.

Tacchinardi se leva, salua le directeur, et dit à Monella :

— Viens-tu prendre un sorbet au café *del Giglio?*

Monella se pencha du côté de Léoni, et lui dit :

— Vous avez écrit tout mon rôle du roi d'Ethiopie pour une basse profonde, et je suis la première basse chantante de l'Italie. Avez-vous entendu mes vocalises de *Sem'ramide*, dans *Al suo trono il successore, la regina?*

— Non.

— Eh bien, venez les entendre, et vous verrez si je dois me compromettre avec votre roi d'Ethiopie, qui fait descendre toutes ses notes au fond d'un tonneau.

Et la basse chantante se leva aussi, fredonnant la mélodieuse arabesque de l'entrée d'Assur : *La mia fede, il mio valore.*

Léoni gardait son effrayante immobilité. Le directeur, resté seul, vint à lui et dit :

— Cher maestro, vous voyez que j'ai fait tout mon possible pour montrer votre *capo d'opera*, mais tous les artistes me rendraient fou; avec eux, on ne peut donner que du vieux; ils ont peur du neuf, et le public est de leur avis... Allons, mon ami, ne vous découragez pas... vous en verrez bien d'autres, si vous aimez le théâtre... Vous partez sans me tendre la main?... N'oubliez pas votre partition... je n'en répondrais pas... il vient chez moi toutes sortes de gens... Ce pauvre garçon ! a-t-il l'air malheureux !... je crois me voir, le soir où je fis un si beau *fiasco* à *San-Carlo*, avec mon opéra de *Cesare*... Eh ! nous avons tous fait notre opéra en Italie, c'est la première communion de la musique... Allons, courage, vous serez directeur un jour, comme moi, comme Barbaïa, comme Micali; c'est un bon métier quand il réussit.

Et il tendit la main à Léoni, qui l'effleura sans la serrer et sortit avec précipitation.

La rue était obscure, le jeune musicien marchait au hasard, et au lieu de se diriger du côté Corso, il prit le chemin opposé, celui de la rivière. Cette erreur le fit sourire comme sourit un damné. Au milieu du pont Saint-Ange il s'arrêta, et, s'appuyant sur le parapet, il regarda le Tibre, qui semblait rouler une eau noire dans l'ombre sinistre du tombeau d'Adrien. Il savoura longtemps cette atroce volupté que donne la pensée d'une mort subite qui guérit de la vie; mais en levant la tête pour donner un dernier regard au ciel, il aperçut un des anges du pont qui semblait s'incliner vers lui, et dans cette figure séraphique il crut reconnaître les traits célestes de Gésualda.

— Vivons pour elle, dit-il en tournant ses yeux vers les hauteurs du Monte-Pincio.

Et il rentra dans la ville d'un pas précipité.

Le mensonge est, sans doute, un abominable défaut,

et pourtant si on le supprimait, la vie serait impossible. Le plus fervent adorateur de la vérité se voit fatalement réduit à mentir dans des circonstances impérieuses, et les *sept péchés* que le *juste* commet par jour sont, à coup sûr, sept mensonges obligés. Notre jeune musicien, malgré sa noble franchise d'artiste et son horreur pour le mensonge, se vit pour la première fois contraint de cacher la vérité désolante à la belle Gésualda. Cette vérité serait devenue un coup de poignard pour cette jeune fille, qui s'était endormie avec son rêve d'or et qui se réveillait en continuant son rêve. Aussi, au premier rendez-vous sous les orangers, Léoni se garda bien de raconter, dans sa brutalité désespérante, sa visite au directeur du théâtre et les détails de la soirée. Il laissa toutes ses chères illusions à Gésualda, avec la ferme résolution de s'armer de courage et de remettre à flot la trirème de Cléopâtre, s'il trouvait des artistes moins orgueilleux et plus disposés à le seconder. En attendant, il fallait chaque soir inventer du nouveau et renchérir sur les mensonges de la veille, tactique intolérable, et qui lui rendait même criminelles et odieuses les consolations d'un amour heureux.

N'osant faire de trop fréquentes visites à l'*impresa-*

rio, il stationnait parfois plusieurs heures sous le porche de l'église Saint-Augustin, pour le rencontrer, comme par hasard, au passage, lorsqu'il rentrait chez lui ou lorsqu'il en sortait. Le rusé directeur italien se doutait de ce guet-apens, mais il jouait la surprise et donnait au malheureux musicien des satisfactions équivoques ; mais un jour que sa mauvaise humeur venait d'être excitée par une vive discussion avec un contralto, il voulut en finir avec ces rencontres fortuites devant Saint-Augustin, et il employa l'arme rude de la franchise.

— Maestro, dit-il à Léoni avec un grand luxe de gestes, maestro, votre opéra est impossible ; il faudrait dépenser vingt mille *francesconi* pour le monter et je n'ai pas une baïoque ! Je monte un chef-d'œuvre de Donizetti, *Rosmonda d'Inghilterra*, un opéra qui a fait fureur à la Pergola dans la dernière saison. J'ai mes magasins remplis de cuirasses de chevaliers, de casques et de lances, et je les ferai servir dans cet ouvrage sans dépenser un écu.

— Mais, dit Léoni, je ne vois pas quelle grande dépense vous coûtera ma *Cleopatra !*

— Ah ! vous ne le voyez pas ! Quelle diable d'idée

avez-vous eue de mettre en scène une seconde fois la galère de Cléopâtre qui remonte le Cydnus!

— C'est de l'histoire, monsieur; vous connaissez les quatre beaux vers de *la Henriade ?*

— Non, répondit sèchement le directeur.

— Les voici, reprit Léoni :

> Telle et moins belle encore à Tharse, on vit paraître
> Celle qui des Romains avait fixé le maître
> Lorsque les habitants des rives du Cydnus
> L'encensoir à la main...

— Bah! l'encensoir, le Cydnus! interrompit le directeur; toutes ces bêtises me coûteraient dix mille écus! Et puis voyez-vous, monsieur, votre musique a un grand défaut.

Léoni recula en levant les mains au ciel.

— Oui, monsieur, un défaut énorme pour nous, Italiens ; votre musique est allemande, et il y a beaucoup de réminiscences de *Robert le Diable*, qu'on vient de jouer à Paris

— Ah! ceci est fort! s'écria Léoni; je ne connais pas cet opéra, je ne l'ai jamais vu jouer, je n'ai pas lu la partition... Voulez-vous entrer dans St-Augustin? je vous le jurerai sur le maître-autel.

— Ah! monsieur, allez à tous les diables avec votre *Cleopatra!* s'écria le directeur.

Et il s'enfuit à grands pas, laissant Léoni planté comme une statue devant Saint-Augustin.

La colère succéda bientôt à la satisfaction. Une insulte légère reçue en pays étranger prend des proportions énormes chez les tempéraments susceptibles, et surtout chez les jeunes musiciens, qui ont pour nerfs des cordes de violoncelle. Rentré chez lui, Léoni écrivit au directeur le billet suivant :

« Vous m'avez insulté sur la place publique, insulté par la parole et par un geste qui a souffleté l'air. Vous trouverez une épée dans votre arsenal de chevalerie; quant au courage, c'est douteux. Enfin, je ne désespère de rien quand je m'adresse à un homme, moi qui suis un enfant.

» Le duel étant défendu sur le territoire pontifical, je vous attends après-demain sous Ponte-Centino, sur la route de Radicoffani; c'est un terrain neutre, qui n'appartient ni à la Toscane ni au pape. Celui qui tue l'autre n'est pas compromis. Je choisis le pistolet. Apportez vos armes, je les accepte comme miennes.

» Votre insulté,

» LÉONI. »

Ce cartel fut confié à un jeune élève de l'école française, qui ne rencontra le directeur qu'au théâtre, où il était entouré des chevaliers de *Rosmonda d'Inghilterra*, et mettait en scène le premier acte. On ne permit pas au messager de traverser le théâtre ; un chevalier ténor et chef d'attaque se chargea du billet et de la réponse. Le directeur ouvrit la lettre, sauta les lignes pour commencer par la signature, selon l'usage des gens affairés, mit le cartel dans sa poche sans l'avoir lu, et dit :

— C'est bien !

Puis il continua la mise en scène des chevaliers.

Le chef d'attaque rendit la réponse et se crut obligé d'ajouter quelque chose, comme tous les messagers verbaux :

— C'est bien, je suis content !

— Ah ! il est content ! dit Léoni ; il paraît qu'il

aime ces sortes d'affaires. Tant mieux! j'avais peur de rencontrer un poltron.

Il consacra toute la journée à préparer son voyage à la frontière romaine ; l'argent lui manquait, comme toujours ; il assembla tous ses bijoux héréditaires, en y joignant sa montre, et il porta ces inutilités à un brocanteur du Ghetto, qui les méprisa autant à l'achat qu'il devait les louer à la revente. Il s'agissait ensuite de tromper Gésualda, en prétextant un voyage à la maison de plaisance que l'amant de Cléopâtre occupait à Fiumicino. Il y avait là un beau décor historique à peindre sur place pour le prologue de l'opéra. Ce mensonge devait paraître naturel.

Les femmes romaines ont l'oreille musicale, et cette faculté leur donne une perception merveilleuse pour soupçonner quelque chose de lugubre dans la gaieté d'un amant qui parle faux. C'est pour ces devineresses que Virgile a écrit, à propos de Didon, le fameux *Quis fallere possit amantem?* Rien ne peut tromper une amante, surtout dans un pays où tout le monde chante juste, même ceux qui chantent mal.

Au rendez-vous du soir, dans le jardin, Léoni fit tous ses efforts pour paraître ce qu'il était toujours, mais les rayons d'une sibylle plongeaient leurs rayons dans ses yeux, et des oreilles infaillibles écoutaient des notes qui violaient toutes les lois du contre-point naturel. Une émotion étrangère à l'amour animait Léoni et supprimait tout à coup les mille détails de tendresse et d'expansion ardente qui accompagnaient toujours les rendez-vous dans le jardin, et, même pour la femme la moins intelligente, ce changement subit aurait éveillé les plus graves soupçons.

Gésualda voulut à tout prix connaître le secret de son amant; elle débuta d'abord par une prière douce comme la mélodie d'un *andantino*, et, comme elle rencontrait toujours dans les réponses de Léoni les hésitations et les embarras du mensonge, elle éclata en lui ordonnant d'un ton de reine de tout révéler.

— Je suis bien plus qu'Italienne, dit-elle en finissant, je suis Romaine; tu peux tout me dire; je suis prête à tout entendre, et si je n'ai pas perdu ton amour, j'apprendrai même avec insouciance la perte de ta fortune et de ton avenir.

Cette *stretta* produisit un grand effet sur le jeune musicien; il embrassa Gésualda dans une explosion de tendresse, et lui raconta toutes ses infortunes d'artiste, y compris le cartel. Cette confidence soulagea le jeune homme ; il partageait du moins son malheur avec une amie qui avait le courage d'en supporter sa part, et il se délivrait enfin de la tyrannie du mensonge forcé.

Gésualda écouta la confidence d'une oreille distraite ; elle cherchait à deviner dans les yeux et la parole de Léoni si elle était aimée selon les exigences de son cœur. A chaque phrase elle arrivait de plus en plus à une certitude qui la ravissait. Le théâtre, la musique, l'opéra, le directeur, tout cela lui était indifférent ; le duel même l'inquiétait peu ; un duel entre un jeune homme de vingt-cinq ans, plein d'ardeur et de courage, et un directeur qui jouait Bartolo et ne réglait que les combats de carton, cela ne paraissait pas sérieux à Gésualda.

— Ainsi, dit Léoni en finissant, je pars ce soir pour Ponte-Centino. J'ai fait marché avec un *vetturino*. L'argent ne me manque pas. J'arriverai à la frontière demain soir. Mon passe-port est réglé à *buon governo* ; je donne une leçon à cet insolent directeur, et dans trois jours je suis de retour à tes pieds, ma belle madone d'amour !

Gésualda gardait le silence ; elle avait absorbé sa

réflexion dans une de ces pensées qui veulent être approfondies avant d'être communiquées, car tout l'avenir de la vie en dépend.

Elle serra énergiquement la main de Léoni, comme si une résolution extrême venait d'être prise, et lui dit :

— Et à ton retour à Rome, que feras-tu ?

— Je t'épouserai, dit Léoni avec vivacité.

— Mais tu n'as point de fortune. reprit Gésualda ; tu es pauvre comme tous les grands musiciens qui commencent ; et moi je n'ai pour dot que mon amour. Si je n'avais pas, là-bas, à l'autre maison, quatre sœurs et cinq frères, je pourrais t'apporter quelque chose en me mariant, mais mon père ne peut rien me donner. Tu vois que j'ai du bon sens... Voyons, que feras-tu à Rome ?

— Je t'aimerai.

— Oui, mais cela n'est pas un métier qui fait vivre. Il ne faut plus que tu songes à ton opéra de *Cleopatra*.....

— Comment ! interrompit Léoni ; j'y songe plus que jamais. On dit que j'ai voulu faire de la musique allemande, eh bien, tant mieux ! je ferai jouer mon opéra en Allemagne; il y a vingt théâtres dans ce pays, avec d'excellents orchestres; je serai joué en vingt endroits, et quand je rentrerai à Paris avec mes couronnes du Rhin, les directeurs français se mettront à mes genoux pour me demander *Cleopatra*, parce que, pour réussir à Paris, il faut être mort ou étranger. Je prendrai le nom de Léonisberg.

— Et moi?... dit la jeune fille avec mélancolie.

Moi! rien n'est plus horrible à entendre que ce hideux monosyllabe de l'égoïsme quand il sort de la bouche orgueilleuse de l'homme heureux; entendez-le sortir des lèvres roses d'une jeune fille, ou des lèvres ridées d'une pauvre femme, et ce *moi* vous arrache des larmes. C'est le cri désolant de la faiblesse ou de l'intelligence qui réclame son droit à la vie, comme créature de Dieu et membre de la société dite humaine; c'est l'émouvante lamentation de la douleur qui veut attirer la protection des forts sur son isolement.

— Et toi!... dit Léoni, en étouffant ses sanglots; toi! Mais je ne t'abandonnerai pas. Ma vie a besoin de la tienne; je ne respire que dans l'air qui est le tien. Là-bas, en Allemagne, j'aurai mon travail et mes luttes pour me soutenir, et j'aurai la force de vivre, en songeant que je m'exile avec ma pauvreté pour revenir à toi avec ma richesse. Je te demande bien plus que ton amour, je demande ta confiance. Notre séparation ne sera pas longue. Nous resterons unis par la pensée. Il y a un proverbe allemand qui dit : *Plus loin les corps, plus près les âmes.* Nous ne cesserons de le redire, et nous ne serons pas séparés dans tout ce qu'il y a en nous de plus noble et de plus pur... Tu ne réponds pas, mon ange... As-tu quelque chose de mieux à me proposer dans ce triste moment?

— Oui, dit Gésualda en baissant les yeux et la voix.

— Parle, Gésualda.

— Il paraît, reprit-elle, que ce que je veux te proposer est impossible, puisque tu ne le devines pas.

— Tu veux me suivre? dit Léoni exalté.

Gésualda se tut et pleura.

— Oh! jamais! reprit Léoni, jamais je n'aurais osé concevoir un tel bonheur! Tu veux partir avec moi, quitter ta maison, ton père! Tu ne veux plus avoir d'autre famille que celle que donne l'amour! Tu veux que je sois tout pour toi! Eh bien, je serai digne de ton dévouement. Viens, ma femme, tu es de la race des anges, tu me porteras bonheur. Avec toi, je vais au triomphe et à la fortune. Ne retardons pas d'une heure tout ce que l'avenir nous réserve de bon à tous deux...

Gésualda reprit son assurance, et expliqua son plan, qu'elle avait arrangé avec beaucoup de prudence ; rien n'y était oublié, pas même la lettre respectueuse adressée à son père. Elle fit tous ses préparatifs, et comme dans sa petite maison du jardin elle n'avait d'autre surveillant que son frère aîné, il lui fut facile de tromper sa vigilance ; à dix heures elle descendit, avec le plus modeste des bagages, sur la place du Peuple, où le rendez-vous était donné.

Ce voyage aux étoiles n'était pas sans péril après la *Storta*. Rien n'est triste et désolé comme cette route pendant la nuit. Le *vetturino* même avait peur, et il n'avait consenti à ce départ nocturne qu'au prix d'une gratification de trois écus. On traversa le désert de verdure au milieu duquel s'isole l'hôtellerie de Baccano ; le village de Ronciglione et la sombre forêt de Viterbe, où les croix funèbres se mêlent aux arbres séculaires. Les deux amants n'avaient pas daigné donner un regard à ces paysages sinistres qu'ils traversaient, ce regard aurait été perdu ; ils ne voyaient qu'eux dans le monde, et cette nuit leur semblai devoir se prolonger éternellement.

Le soleil fit rentrer Léoni dans les réalités de la vie, et l'astre du jour ne reçut pas la bénédiction voyageur. Le fantôme bourgeois de l'*impresario* du théâtre d'Argentina se levait avec le soleil à l'horizon de la frontière romaine, et bien que le duel n'eût rien de redoutable, il se présentait toujours avec des ennuis pires que les dangers. En arrivant à Ponte-Centino, petit village où dix soldats et un sergent tiennent garnison et vivent des baïoques du voyageur, Léoni entra dans la seule auberge de l'endroit, et se mit en devoir de prendre un témoin dans la garnison, au prix d'une pièce d'argent de cinq pauls. Cette somme énorme fit le bonheur de l'heureux soldat pontifical, qui suivit Léoni sur les bords de la petite rivière de la *Paglia*, dans les antiques domaines de Porsenna, roi étrusque. A la même heure, l'*impresario* soutenait, à Rome, une discussion foudroyante avec un *tenore sfogato*, qui voulait supprimer un *tempo di marcia* dans la partition de Donizetti, parce que le mouvement n'était pas dans sa voix.

Léoni attendait depuis deux heures, et aucune forme humaine ne se montrait sur cette immense laine volcanique qui s'étend, comme un lac de bronze éteint, des hauteurs noirâtres de Radicoffani à la frontière de Ponte-Centino. Le soldat pontifical s'était endormi sous un saule au bord de la petite rivière. Le silence de la mort régnait partout.

Gésualda, dévorée d'inquiétude, descendit enfin dans la plaine, pour connaître le motif de cette absence qui devenait alarmante, et elle se rassura en voyant Léoni, seul et debout au milieu d'un désert de granit noir.

— Nous allons nous remettre en route, dit le jeune homme, et je ferai attester par cet homme, par toute la garnison et par l'aubergiste, que j'ai attendu bien au delà du terme que l'honneur prescrit pour ces rencontres.

Gésualda tressaillit de joie et dévora des yeux l'espace désolé qui la séparait encore de la terre toscane, et comme il était dangereux de remonter le sol pontifical, le soldat fut chargé de faire descendre le *vetturino* sur la route de Radicoffani.

— N'importe! dit Léoni, cela m'aurait bien posé dans le monde, un duel avec un directeur de théâtre. Enfin, je retrouverai peut-être l'occasion.

Les deux amants arrivèrent à Florence, où ils ne

s'arrêtèrent que pour assister à une représentation de *Rosmonda d'Inghilterra*, au théâtre de la Pergola. Léoni trouva fort médiocre l'œuvre de Donizetti, mais il assista au triomphe d'un jeune ténor français nommé Duprez, et il s'écria :

— Ma fortune serait faite si j'avais ce grand artiste pour chanter mon Antoine dans ma *Cleopatra!*

C'était ce même ténor qui, trois ans plus tard, devait remettre en lumière le divin *Guillaume Tell*, réduit en un acte pour amuser les banquettes de l'Académie royale de musique.

De Florence, les deux jeunes voyageurs se rendirent à Stuttgardt, une des villes de la confédération où les opéras étrangers ont le plus de chance de réussir. Ce renseignement avait été donné à Léoni. Stuttgardt est en effet une ville éminemment artiste. Son théâtre, ses chanteurs, son orchestre, ses ballets peuvent rivaliser avec les premières scènes de l'Italie. Le goût de l'art est dans l'atmosphère ; on sent que Schiller est né dans le voisinage, et qu'il a aimé cette charmante capitale du Wurtemberg.

Léoni se lia bientôt d'amitié avec quelques artistes du théâtre royal, et parvint bientôt jusqu'au maître de chapelle du roi Guillaume, avec l'intention de lui proposer son opéra, lorsque l'intimité serait mieux établie. En attendant, nos deux pèlerins charmaient leurs nombreux loisirs par de douces promenades sur les rives du Neckar, cette charmante rivière qui arrose les prairies de Cannstadt, cette poétique voisine de Stuttgardt. L'amour, ce divin consolateur de la jeunesse pauvre, endormait dans ses rêves d'or Léoni et Gésualda, jusqu'au moment terrible du réveil.

Cleopatra avait été confiée au maître de chapelle, et l'examen dura dix jours; c'est la torture de la question aux jeunes musiciens d'avenir. Un soir, en rentrant dans leur modeste auberge de la *Cloche d'Or*, devant *Stifstkirch*, Léoni trouva le billet suivant :

« Monsieur,

» Votre partition renferme de belles parties; il y a même un duo des plus remarquables, mais c'est de la musique française, et tout à fait en dehors du caractère allemand. Certes, la musique de votre pays n'est pas à dédaigner, elle a des qualités brillantes et fort estimables; toutefois, il nous faudra bien du temp encore pour l'acclimater dans notre pays.

» Croyez-moi, monsieur, votre bien dévoué,

» *Pour le maître de chapelle,*

» LEINTZ BRUGGER. »

— Bon! s'écria Léoni en déchirant le billet, ma musique était allemande à Rome, et elle est maintenant française en Allemagne! Cela veut dire que les musiciens n'entendent rien à la musique; ils ne comprennent et n'admirent que ce qu'ils font.

La voix douce de la jeune Romaine apaisa la colère de Léoni et lui remit au cœur cette vertu si souvent trompeuse qui se nomme l'espérance. Les projets nouveaux consolent des projets avortés. Il y a en Allemagne beaucoup de villes qui sont comme des cours d'appel pour les injustes arrêts rendus contre les musiciens. On décida que l'arrêt de Stuttgardt serait cassé par Munich, ou Darmstadt, ou Carlsrhue, et qu'on irait même jusqu'à Vienne s'il le fallait.

Les deux amants se préparaient à cette course aux appels, lorsqu'une lettre arriva de Paris.

Sander Colómbon, ancien premier prix de Rome pour la peinture historique, l'ami et le correspondant ordinaire de Léoni, lui écrivait en ces termes :

« Paris, mai 1834.

» Mon cher maestro,

» Ne te décourage pas. Gluck et Mozart ont commencé comme toi. Le musicien est comme l'aloès : il reste avec ses feuilles rugueuses pendant bien des années, puis, un beau jour, sa fleur éclate avec le fracas du tonnerre, et la foule vient l'admirer.

» Le moment est bon à Paris. L'Académie royale de musique n'a rien, et semble attendre ta *Cleopatra*. M. Rossini ne veut plus travailler; il a voulu faire de la musique française dans son *Guillaume Tell*, et il a échoué. L'illustre auteur de *Montano et Stéphanie*, ce chef-d'œuvre immortel, M. Berton, a écrit un mot charmant dans *le Mercure;* je te l'envoie : « *M. Ros-*
» *sini a eu le tort de vouloir se faire Rossin; il ne sera*
» *jamais qu'un amusant discoureur en musique.* » Est-ce profond ? On joue toujours *Robert le Diable* ; il y a

de belles choses dans cet ouvrage ; mais c'est la danse des religieuses.qui fait le succès. On ne peut rien voir de plus libertin pour les lorgnettes. Levasseur est aussi très-beau ; on vient voir sa barbe ; elle fait recette. *Robert le Diable* n'ira pas loin avec ces frivoles éléments de succès. On dit que la reine, qui est un peu dévote, va faire supprimer les religieuses. Si c'est vrai, M. Meyerbeer ira s'enterrer à Berlin. En voilà donc deux qui ne sont plus à craindre. En te disant ces choses, je suis l'écho de tout Paris. On avait encore une ressource rue Le Peletier, c'était la *Muette de Portici ;* mais depuis la formidable insurrection de Lyon, en avril dernier, on a retiré du répertoire l'opéra d'Auber ; et c'est dommage. M. Guizot a dit un mot qui a rassuré le juste milieu : *Nous avons donné des ordres impitoyables*. Tu comprends qu'on ne peut plus jouer la *Muette de Portici*. Il est question de remonter *Aladin* de MM. Étienne et Nicolo. Cet opéra a fait de belles recettes avec son soleil tournant et mademoiselle Javureck, qui chantait admirablement :

Venez, charmantes bayadères
Venez, amants de la beauté !

Mais cette reprise ne fera pas le sou. On veut du neuf, *n'en fût-il plus au monde*; c'est la devise des Parisiens.

» Arrive donc, et ta belle *Cleopatra* sera reçue à bras ouverts.

» Moi, je ne fais rien. Tout va mal, la politique tue l'art. Il y a des crises ministérielles qui font concurrence à tous les théâtres. Nous sommes en pleine décadence. Je suis réduit à faire des portraits. Mon chef-d'œuvre n'est pas encore vendu, mon *Achille pleurant Patrocle*, qui m'a valu le grand prix. J'avais trouvé deux acheteurs, mais qui n'ont pas acheté; l'un a trouvé que j'avais eu tort de peindre Patrocle nu; l'autre m'a reproché d'avoir habillé Achille. Le goût est perdu; où allons-nous, mon Dieu! Quel beau temps lorsque le grand peintre David habillait Léonidas avec un simple casque, et le vendait cent mille francs à l'État !

» M. de Forbin, notre directeur, ne veut acheter que des ruines de Palmyre, et quand on lui en offre, il les refuse, sous prétexte qu'il n'y a pas assez de jaune dans les ciels. M. de Forbin prodigue le jaune, lui, et il affirme que cela ressemble au soleil comme deux clairs de lune. Plains-moi.

» Je t'attends, et je brûle de faire le portrait de ta Fornarina, mon cher Raphaël de la musique. J'ai loué un piano à crédit.

» Ton ami dévoué, mais pauvre,

SANDER. »

Cette lettre, qui donne une idée assez juste de l'année 1834, produisit un grand effet sur l'imagination vive de Léoni, et le peu d'argent qui lui restait fut consacré au voyage de Paris. Cette fois *Cleopatra* ne pouvait manquer de trouver le soleil d'Égypte dans le lustre de l'Opéra de Paris.

Léoni descendit dans une vieille maison de la rue Jean-Jacques-Rousseau : la mansarde lui avait été louée par Sander Colombon, son ami, l'ancien prix de Rome pour la peinture. Gésualda, qui tressaillait de joie au nom de Paris, ouvrit sa petite fenêtre, pour admirer un échantillon de la grande ville, qu'elle venait de traverser la nuit, et elle découvrit un horizon peu récréatif pour ses yeux de Romaine : une rue sombre, pleine de boue, et sillonnée par un amas confus de chevaux maigres et de passants crottés:

L'amour, ce dernier des magiciens, lui rendait en imagination les grandes lignes d'architecture et la splendide lumière de sa chère Rome ; elle souriait, du haut de sa fenêtre, au chaos fétide qui se débrouillait mal sous ses yeux, comme si elle eût contemplé sous les arbres du Monte-Pincio cette avenue de clochers et de coupoles qui se prolongent dans l'azur, jusqu'au dôme du Vatican, huitième colline ajoutée par Michel-Ange à la ville de Romulus.

Sander, en sa qualité d'ami et de peintre, était ébloui de la beauté de Gésualda, et se réjouissait de son arrivée comme d'une bonne fortune innocente. En pareil cas, l'ami conçoit toujours, malgré lui, des espérances vagues qu'il n'ose approndir, mais qui le mettent en belle humeur.

— Comment trouves-tu le logement que je t'ai choisi? dit-il à Léoni.

— C'est un nid sur les toits, dit le jeune musicien en embrassant Gésualda.

— Un nid de deux cents francs de loyer, reprit Sander ; dix louis de plus que celui que les oiseaux payent au bon Dieu. Les loyers sont horriblement chers à Paris depuis 1830, et j'ai voulu t'induire en économie jusqu'après la première de *Cléopâtre*.

— Oui, dit Léoni avec tristesse, nous vivrons de peu ; mais on est toujours millionnaire quand on vit d'amour et d'espoir.

— Tu n'as pas remarqué mon attention, étourdi que tu es ? Tu ne devinerais pas, je vais t'épargner la peine de chercher. J'ai choisi ton logement dans la rue que le célèbre Jean-Jacques Rousseau habitait avec sa femme.

— Tiens ! c'est vrai ! fit Léoni.

— Bien plus ! reprit Sander, je parierais que tu es installé dans son quatrième étage et qu'il a composé son opéra ici, entre ces deux fenêtres.

— Quoi ! dit Léoni en regardant autour de lui, le *Devin du Village* aurait été composé dans ce grenier !

— Enfin, reprit Sander, si ce n'est pas dans ce grenier, c'est dans le grenier voisin, et il s'y trouvait plus heureux que s'il eût habité Trianon.

— Qui te l'a dit ?

— Lui ! lui parbleu !.. Je t'apporte le volume des *Confessions* qui contient un dithyrambe d'enthousiasme à la rue de la Plâtrière, celle qui porte son nom aujourd'hui... Tiens, lis le passage... C'est admirable, comme consolation pour les jeunes musiciens, n'est-ce pas ?

— Oui, cela met du courage au cœur, dit Léoni en fermant le livre.

— Ce bon Rousseau, reprit Sander, qui se rappelle avec délices les savoureux dîners qu'il se donnait à côté de sa femme, en regardant passer la foule, là même, accoudé sur cette fenêtre ! et quels dîners ! il en donne le menu dans ses *Confessions : un morceau de fromage, des cerises et un demi-setier de vin!* O grand homme ! il avait fait des chefs-d'œuvre, il avait réjoui la cour et la ville par son *Devin du Village*, et il copiait de la musique pour vivre ! et il dînait comme un mendiant ! et le souvenir de ces abominables repas le faisait tressaillir de bonheur, après vingt ans ! Osons nous plaindre ensuite, nous ! l'auteur de la *Nouvelle Héloïse* dépensait quatre sous par tête en dînant avec sa femme, et il chantait au dessert ces deux vers de son opéra :

> Quand on sait aimer et plaire,
> A-t-on besoin d'autres biens ?

— Et le philosophe, dit Léoni, mettait sa philosophie en action. Chose rare chez les philosophes.

— Tu dois donc me savoir gré, reprit Sander, de

t'avoir logé dans une mansarde qui renferme une si haute moralité. Tu n'oserais plus te plaindre de ton sort ni de ton dîner, entre ces quatre murs qui furent la tour d'Ugolin pour le plus grand musicien du XVIII° siècle...

— Ah ! je t'arrête là, interrompit Léoni ; Rousseau n'a composé que *le Devin du Village*, et Grétry a donné quatre-vingt-quatre opéras, et puis nous avons Philidor, Monsigny, Dalayrac...

— Qui mouraient tous de faim aussi dans des mansardes ! s'écria Sander ; on leur donnait six livres de droits d'auteur ; ils sont tous morts pauvres comme Job, et ne se sont jamais plaints. La plainte est une chose moderne chez les artistes ; elle est née en 1830, avec l'amour du million... Autrefois, les peintres, les musiciens, les poëtes savaient qu'ils étaient nés pour vivre de gloire, et quand une gazette, imprimée avec des têtes de clous, et large comme ma main, leur consacrait quatre lignes d'éloges, ils se couchaient à jeun et se regardaient vivre dans la postérité. La vie n'était rien ; ils ne demandaient à vivre qu'après leur mort. Aujourd'hui, les artistes prennent la vie au sérieux et regardent l'argent comme chose nécessaire. La postérité ne leur donne

aucun souci. Tiens, moi qui te parle, je suis de mon
siècle. Je voudrais être riche comme Rubens, et tenir
table ouverte comme Balthazar. Ce serait dans mes
goûts... et toi, Léoni, allons, ne joue pas l'hypocrite,
tu donnerais bien tous les applaudissements de la
postérité pour cent mille francs de rente, sois franc ?

— Mon ami, dit Léoni, tu es seul en ce monde, et
moi, je suis deux. Isolé comme toi, je subirais courageusement toutes les privations de la vie, mais je
n'ai pas le droit d'imposer l'héroïsme de la souffrance
à cette jeune fille qui a tout quitté pour me suivre,
et qui ne m'a pas suivi pour trouver le malheur et
mourir de faim dans une mansarde. Les artistes qui
ne se plaignent pas n'ont point de femmes à côté
d'eux. Souffrir est chose facile quand on est seul ;
voir souffrir est chose intolérable quand on est deux...
Tiens, regarde-la, ma belle Romaine ; elle va et vient
avec une insouciance adorable ; elle s'amuse à décorer sa mansarde en fredonnant les litanies ; et
bien ! mon cœur saigne quand je la vois si confiante
dans un avenir que je dois lui faire. Cette foi qu'elle
a dans mon travail m'arracherait des larmes si je ne
les contenais pas. Elle compte sur moi pour être
heureuse, et notre gêne du moment ne l'inquiète

pas le moins du monde. Demain lui donnera tout ce qui lui manque aujourd'hui.

— Et il lui manque beaucoup, remarqua Sander.

— Tu la vois, reprit Léoni, elle est encore habillée comme dans son jardin de Rome.

— Oui, dit Sander, c'est une mode qui convient à M. de Norvins, préfet du département du Tibre.

— Il faut donc que je l'habille au goût du jour, mais avec la plus grande simplicité.

— Oui, tu trouveras au Temple une robe toute faite, et à bon compte, et un chapeau de dix francs, au passage du Saumon ; c'est là que se coiffe la vertu.

— Pauvre fille ! murmura Léoni en essuyant une larme.

— Et puis, reprit Sander, nous chanterons ensemble :

Dans un grenier qu'on est bien à vingt ans !

comme dit le poëte.

— Ah ! les poëtes ne savent ce qu'ils disent, reprit Léoni. On est mal à tout âge dans un grenier. C'est avec ces maximes qu'on nous emprisonne tous dans le clocher de notre village, comme des hiboux ennemis du soleil. On est bien à vingt ans sur le pont d'un navire qui file quatorze nœuds à l'heure et fait échelle à Ceylan, à Madras, à Java, aux iles de la Sonde et à toutes les stations du soleil. Et après cinq années de courses à travers les océans, on rentre chez soi avec une immense provision d'idées; on peut devenir l'artiste et le musicien de l'infini, on sort du conservatoire de Dieu.

— Oui, cela inspire mieux qu'un grenier, dit Sander.

Il y eut un moment de silence.

Léoni tenait ses yeux fixés sur Gésualda. La jeune fille, après avoir arrangé symétriquement les quatre chaises de bois commun et la table boiteuse qui démeublaient le petit salon, s'était accoudée à la fenêtre, et regardait, en souriant, une ou deux files de cheminées noires qui remplaçaient, pour elle, la perspective de Saint-Pierre, avec l'immense colonnade circulaire de Bernin.

Une demande de Sander tira le jeune musicien de sa rêverie contemplative.

— Quel jour comptes-tu voir le directeur de l'Opéra ?

— Oh ! j'ai déjà trop tardé peut-être, dit Léoni;

on perd souvent une affaire en perdant cinq minutes. J'irai aujourd'hui même; et si je suis reçu, il me sera facile de trouver des avances sur mon ouvrage. Il y a des agences instituées pour venir en aide aux débutants qui ont plus d'idées que de gros sous. Si on m'avançait seulement mille écus sur *Cléopâtre*, je n'achèterais pas une robe d'occasion au Temple et un chapeau du passage du Saumon, et je sortirais de la mansarde de Jean-Jacques Rousseau. Par bonheur, j'ai économisé, à Rome, mon costume de lauréat et mon habit noir de cantate. J'étais toujours en négligé de ruines; on est toujours assez bien mis pour visiter les lézards du Colisée et pour jouer aux dominos. Je vais m'habiller en dandy, et je cours à l'Opéra.

— Je t'accompagnerai, dit Sander.

— Oui, mais tu m'attendras dans la galerie de l'Horloge...

— C'est convenu. D'ailleurs je n'oserais me présenter, moi, chez un fonctionnaire avec ma défroque de rapin. Après mon échec des *Noces de Thétis*, j'ai vendu mon costume de grand prix; et depuis ce ce temps, à force de peindre des nudités mythologiques, j'ai toujours oublié de m'habiller.

Tout en causant, Léoni revêtit son costume triom-

phal de l'Institut, et après avoir cueilli sur le front
de Gésualda le baiser qui porte bonheur, illusion
d'amant, il s'achemina vers le sanctuaire de l'Académie, alors royale, de musique.

Le directeur de l'Opéra était un homme d'un esprit
charmant et d'une exquise affabilité. Il était en train
de faire sa fortune avec ce grand Meyerbeer qui porte
bonheur à tout, en sa qualité de diable lyrique ; il
n'avait pas l'orgueil du parvenu, comme tous les
hommes intelligents, arrivés à une haute position.
C'était un de ces Parisiens spirituels, nés, pour s'asseoir dans un fauteuil de ministre, de directeur d'Opéra
ou d'académicien. Il voilait le plus ardent sensualisme
sous un extérieur de chanoine somnolent, et les goûts
raffinés de l'artiste sous une enveloppe bourgeoise. Il
était bon, comme tous ceux qui reculent devant le
travail fiévreux qu'exige la méchanceté ; il était sympathique à son insu et sans préméditation aucune. Il
adorait la richesse, non pas pour obtenir cette considération bête attachée aux écus, mais pour demander
à chaque minute ennuyeuse de la vie une vive émotion en échange d'une pièce d'or.

L'huissier de l'antichambre annonça M. Léoni R***,
grand prix de Rome.

— Faites entrer, dit le directeur en respirant une feuille de rose sans pli.

Léoni entra, serrant sous son bras gauche sa partition de *Cléopâtre*.

Le directeur se leva, tendit la main au jeune lauréat et lui désigna un fauteuil. Le geste fut accompagné d'un sourire charmant, qui supprima l'émotion dans le cœur de Léoni.

Alors le musicien expliqua au directeur le motif de sa visite, et donna tous les détails de l'odyssée de sa partition.

Le directeur écouta attentivement et avec le plus grand intérêt le récit du jeune musicien, et après les derniers mots il lui donna ce sourire triste que l'expérience accorde à la naïveté ; puis, avec le plus doux organe de Paris, il lui dit :

— Monsieur, je ne doute pas du talent que votre partition renferme ; votre titre de lauréat est déjà une garantie suffisante de votre mérite comme compositeur ; mais on n'arrive à l'Opéra qu'après épreuves faites. C'est le théâtre des renommées illustres ; un musicien n'y vient pas faire son début, il vient y faire consacrer sa réputation. Une dépense de cent cinquante mille francs est indispensable pour monter une œuvre en cinq actes, et cette raison seule met en grande considération un directeur intéressé. Vous avez fait sur le papier des décors magnifiques, une mise en scène splendide ; cela ne vous a rien coûté ; mais si je voulais, moi, matérialiser vos rêves, cela me coûterais cent mille écus. Vous ignorez le côté prosaïque du théâtre, le détail mercantile de l'art. Tenez, par exemple, une galère d'or, aux mâts d'ivoire, aux voiles de pourpre, la galère de Cléopâtre, ne coûte à l'historien qu'un carré de papier, mais elle me ferait perdre tout ce que *Robert le Diable* m'a fait gagner. On dirait de moi : *Qu'allait-il faire dans cette galère ?* Voulez-vous que je vous donne le seul conseil raisonnable, mon cher compositeur ?

Léoni, tout bouleversé, fit un signe affirmatif. Le directeur continua.

— Puisque vous n'avez pas encore traduit votre *Cléopâtre* en français, réduisez votre œuvre ; donnez-lui des proportions moins grandes ; remplacez les récitatifs par un dialogue et donnez votre opéra, ainsi réduit, au théâtre de l'Opéra-Comique, lequel tout comique qu'il est, a joué deux chefs-d'œuvre tragiques, *Zampa* et *le Pré-aux-Clercs*.

A ces mots, le directeur se leva pour donner un

regard à la pendule, ce qui signifie, en pantomime polie : Vous n'avez rien à attendre de mieux ; n'insistez pas davantage et prenez congé de moi. J'attends un autre visiteur.

— Ainsi, dit Léoni en se levant, je ne peux pas même espérer une audition ?

— Tenez, monsieur, reprit le directeur, jetez les yeux sur ces cartons ; il y a là un *Saül,* un *Sardanapale,* un *Annibal,* un *Brutus,* une *Clytemnestre,* une *Jéricho,* un *Judas Macchabée,* un *Priam,* une *Zénobie,* une *Frédégonde,* un *Duc de Guise,* un *Mahomet,* enfin toute l'histoire sainte et profane, en cinq actes, qui attend une audition depuis 1812, époque qui vit créer les prix de Rome et le Conservatoire ; c'est malheureux, mais c'est ainsi. En mettant les pieds dans cet établissement, il ne faut pas dire, comme dans l'*Art poétique :* Je suis *Oreste* ou bien *Agamemnon,* mais : Je suis Rossini, Auber, Meyerbeer, Hérold ; je vous parle franchement, et cela vaut mieux que si je vous donnais de l'eau bénite d'opéra. Vous avez le bonheur d'être jeune et votre avenir est long ; vous avez le talent, le succès viendra plus tard.

Le ton qui servait de musique à ces paroles en

adoucissait l'amertume. Léoni fit un geste de résignation, serra la main qui lui était offerte, et sortit en emportant sa partition.

La voix de la femme acheva de rendre le calme au musicien éconduit. Gésualda, dans ces moments de crise, ressemblait toujours à l'ange de l'espérance ; elle avait une sérénité de regard qui apaisait les orages, et des expansions de tendresse qui ravissaient le cœur et faisaient oublier tout ce qui n'était pas elle. La femme fortifie souvent la faiblesse de l'homme dans les défaillances de la vie. Le suicide est l'acte d'un désespoir incurable conseillé par l'isolement.

Léoni se remit courageusement au travail, dans la mansarde de Rousseau, pour réduire sa *Cléopâtre* en trois actes sérieux d'opéra-comique ; il s'arrachait à lui-même des lambeaux de chair en jonchant le parquet des débris de ses cavatines, de ses duos et de ses chœurs. Brutus immolant ses fils n'était pas plus héroïque. La bataille d'Actium périt dans ce naufrage ; il fallut sacrifier un chœur accompagné de tibicines, d'un effet prodigieux, un repas égyptien donné à Marc-Antoine, et tout l'acte de Tarse et du Cydnus.

Souvent l'ami Sander venait égayer un peu la

mansarde et hasarder quelques madrigaux à l'oreille de Gésualda, qui souriait sans comprendre. Il faisait son métier d'ami. Le jeune musicien lui chantait alors sans accompagnement quelques mélodies avec paroles françaises, et le public composé de deux personnes applaudissait comme un seul homme et entretenait l'esprit du compositeur.

Si le titre de prix de Rome n'ouvre pas toujours à un jeune compositeur les portes d'un théâtre, il ouvre toujours la porte d'un cabinet de directeur. L'huissier à la chaîne de chrysocale s'incline même devant le lauréat, et le portier lui sourit ; priviléges énormes. Aussi ne soyons pas étonnés si Léoni trouva à l'Opéra-Comique, côté des coulisses, le même accueil favorable qu'il avait trouvé à l'Opéra. Seulement, il ne lui fut point accordé de réponse. Le directeur et le lauréat causèrent beaucoup de Rome, sous le côté plaisant : le café de la *piazza Madona*, le *gran Frigitiore*, la *Befana*, les *moccoletti*, le *bambino de l'Ara-Cœli*, la bénédiction des ânes, à la Saint-Antoine ; la course des chevaux libres, les faux dieux falsifiés encore par le faux antiquaire Vescovagli ; les musées de l'Angleterre meublés avec des statues modernes, bizeautées à l'antique. On riait beaucoup en causant de ces choses, et l'huissier qui écoutait à la porte, selon l'usage, disait à un machiniste :

— C'est un opéra-comique et amusant; tant mieux! nous en avions besoin.

Le dernier mot prononcé par le directeur fut celui-ci :

— Laissez-moi votre partition, et je vous attends à la fin de la semaine.

Après plusieurs jours séculaires, mais dorés par les rayons de l'espoir et les sourires de Gésualda, Léoni reprit le chemin de l'Opéra-Comique, et comme il traversait les coulisses pour arriver à la porte du directeur, il fut abordé par l'huissier, qui lui dit :

— Ah ! monsieur, vous nous avez apporté un vrai opéra-comique ! bravo ! bravo ! Vous allez être mis à l'étude, car nous n'avons rien. M. le directeur vous attend.

Lorsque le hasard s'amuse à persécuter, il est plus ingénieux que Néron pour composer son martyrologe des artistes.

Léoni s'épanouissait de joie en écoutant cet huissier, qui connaissait déjà, comme tout le monde du théâtre, le secret de la comédie, et persuadé qu'une bonne nouvelle n'arrive jamais assez tôt, il demanda vivement à l'huissier de vouloir bien lui indiquer un messager sûr et leste, qu'il voulait charger d'une commission. Ce qui fut trouvé tout de suite. Il écrivit au crayon ces mots :

« Mon ange, on va me mettre à l'étude, tout le personnel du théâtre est enchanté de mon opéra. On compte sur un grand succès qui sauvera l'Opéra-Comique; enfin, je suis arrivé ! »

Et comme il fouillait dans sa poche pour trouver une pièce de monnaie absente, le machiniste lui dit:

— Oh! vous me donnerez un billet de quatrième pour votre première représentation.

— Je t'en donnerai deux, lui dit Léoni.

Et il courut chez le directeur en pensant à la joie qui attendait Gésualda.

Le directeur remuait des livres, des paperasses, des journaux avec une préoccupation bien jouée ; il salua Léoni d'un air distrait et se plaignit d'avoir égaré une pièce importante. Cet accueil rendit le jeune musicien soucieux ; il s'était préparé aux embrassements du directeur et avait arrondi dans sa tête une phrase pour l'improviser avec émotion. Le directeur désespérant de trouver la pièce, regarda le thermomètre et dit :

— 27 degrés ! la chaleur tue nos recettes, pas un
ou de location ! nous ferons trois cents francs à la
porte, comme hier, c'est désolant !... Eh bien, mon
cher monsieur Léoni... il faut vous dire... voilà le
temps qui se met à la pluie, je crois... il n'a pas plu
le jour de la Saint-Médard... cela n'arrange pas les
directeurs... Je vous disais donc... que nous avons
pris connaissance de votre partition... Où est-elle?...

— La voilà ! dit Léoni de l'air d'un père qui a
reconnu son enfant du premier coup d'œil.

— Oui.., reprit le directeur en ouvrant la partition... Eh bien... il y a de belles choses... J'aime assez la cavatine... Attendez... acte deux... Cléopâtre...

> Bonheur suprême !
> Délire extrême,
> O toi que j'aime,
> Mortel adoré !...

C'est un peu vieux comme paroles, mais le public
aime ça ; il en a pris l'habitude ; c'est au musicien
à varier l'air... En somme, c'est une partition assez
remarquable... mais, malheureusement... trop, beaucoup trop conçue dans le style de la musique italienne...

— Bon!... murmura Léoni, la voilà italienne maintenant, ma musique!

— Oui, reprit le directeur, qui n'avait entendu que les derniers mots; votre musique est éminemment italienne. On voit que Rome vous a inspiré. Ce style ultramontain est aujourd'hui tombé en désuétude; vous voyez que M. Rossini lui-même est revenu de ses anciennes erreurs de *Sémiramis* et d'*Othello*, et qu'il a essayé de faire de la musique française dans *Guillaume Tell*. Il a échoué à son début; mais il a du talent, et une autre fois il fera mieux.

Léoni se leva tout convulsif, et prit sa partition.

— Au reste, reprit le directeur, vous connaissez nos statuts, sans doute?

— Non, je ne connais pas vos statuts, dit Léoni pour dire quelque chose.

— Nous ne pouvons accorder qu'un acte aux prix de Rome. Il y a dans votre *Cléopâtre* la matière d'un acte excellent. Vous tournerez la chose au comique; c'est fort aisé, vous faites enlever Antoine par Cléopâtre, ce qui est conforme à l'histoire et contraire à tous les usages reçus pour les enlèvements. Vous donnez à Marc-Antoine le caractère d'un...

Léoni poussa un cri strident, sortit au vol et laissa le directeur stupéfait.

Ceux qui le virent passer sur le chemin qui conduit à la rue Jean-Jacques Rousseau disaient :

— Ce pauvre jeune homme est fou; et on le suivait des yeux en lui donnant des regards de commisération. Par intervalles, il s'arrêtait et serrait son front avec ses deux mains, comme pour retenir sa raison qui s'échappait.

En entrant dans sa mansarde, il eut à soutenir une dernière crise, la plus terrible de toutes. Gésualda, toute joyeuse de la bonne nouvelle reçue, lui sauta au cou, en s'écriant :

— Enfin, tu vas être complétement heureux!

Il la repoussa doucement, s'assit, et ses larmes firent irruption. Gésualda s'agenouilla devant lui, prit ses mains et l'interrogea vingt fois avant d'obtenir une réponse. Après un long silence, Léoni trouva péniblement des phrases décousues pour raconter sa visite au directeur, avec tous ses détails.

— Eh bien, que dis-tu? s'écria-t-il en finissant.

— Je dis que je t'aime, répondit la jeune fille avec un sourire de chérubin; et elle l'embrassa.

Dans cette histoire, qui est d'ailleurs l'histoire de

bien d'autres, il est inutile de raconter les détails intermédiaires, comme on ferait dans un roman. Les faits principaux doivent suffire pour l'instruction des lauréats de l'avenir. Il en est plus d'un parmi ceux du passé qui ne m'accusera pas d'invention s'il me fait l'honneur de me lire.

A la suite de cette crise, le jeune musicien subit une longue et cruelle maladie, et ne dut sa guérison qu'aux soins de Gésualda. La misère était entrée dans la mansarde avec toutes ses horreurs et ses souffrances honteuses. Un *secours* de trois cents francs, accordé par le ministre, et grâce aux visites acharnées de l'ami Sander, donna un peu de soulagement à la convalescence, et quand le rétablissement arriva, Léoni trouva le moyen de réaliser son plus beau rêve, il épousa la jeune Romaine, et sans bruit et sans éclat, comme on le pense bien.

Le directeur de l'Opéra-Comique, instruit par Sander de ce qui s'était passé, avait promis un libretto en un acte, et, en effet, cette promesse fut tenue; l'ami apporta un jour ce précieux cadeau, qui est une dette de l'État envers les prix de Rome. Le manuscrit était superbe et sortait du bureau du meilleur copiste. Le titre flamboyait entre deux oiseaux fantastiques qui en tenaient les deux extrémités par le bec. On lisait : *la Dot de Village,* paroles de M..., opéra-comique en un acte. Quatre personnages seulement figuraient au frontispice : *le père Michel,* fermier ; — *Manon,* sa fille ; — *Jean,* garçon de ferme ; — *le bailly,* — chœurs de villageois.

Le poétique auteur de *Cléopâtre* tourna le premier feuillet, et lut.

Chœur.

Ah ! quel plaisir !
A la fête
Qui s'apprête
Le canton vient d'accourir.

Au troisième feuillet, il trouva la cavatine de Manon ; une invitation à la danse :

Viens, jeune fillette,
Danser sur la condrette
Au son de la musette.
— Oh ! non, dit la fillette,
Un autre dansera ;
Je n'y vais pas seulette :
L'amour est caché là... *(ter.)*

— C'est naïf ! remarqua Sander ; c'est naturel.

— Oui, dit Léoni, on se sert de ces deux mots *naïf* et *naturel* pour présenter honorablement la bêtise aux bourgeois... Tout cela n'a pas l'air de m'arranger...

— Tu ne lis pas le dialogue? reprit Sander.

— Je le lis du bout de l'ongle, en feuilletant... Il y a des mots qui me crispent et me glissent sous les doigts comme des araignées de campagne... *Morguenne... tatigué... j'avions... moi itou...* Mais quelle rage ont-ils de mettre cet argot villageois partout! J'ai couru toute la grande banlieue de Paris, j'ai trouvé des paysans qui parlaient aussi mal que mon propriétaire parisien; mais je n'ai jamais entendu dire un seul *tatigué* à ces enfants de la nature! Au diable le libretto! je n'en veux pas... il me serait impossible d'accoupler deux notes sur ces fadaises.

— Mais, remarqua Sander sur un ton comique; mais puisque les statuts n'accordent qu'un acte aux...

— Je me moque bien des statuts! interrompit Léoni; cette règle n'a pas le sens commun. Si Rossini eût été prix de Rome, et qu'il eût présenté *Guillaume Tell*, lui qui a fait des chefs-d'œuvre à vingt-quatre ans, on lui aurait dit: Brûlez ces cinq actes, ils contraraient nos statuts ; voici un libretto en un acte, travaillez là-dessus.

— On aurait dit cela, remarqua Sander; les statuts auraient tué Rossini dans son berceau.

— Et ils auraient tué aussi Mozart et Weber ! comme ils me tueront, moi ! Vois-tu, mon ami, en France on ne fait que de ces choses-là. Le Français est poursuivi depuis le berceau jusqu'à la mort par des prix et des couronnes, sous prétexte d'exciter l'émulation. Il y a toujours dans les colléges et les académies des liasses de couronnes pour des fronts de tout âge, et ces récompenses, qui amusent ceux qui les donnent, font bien souvent le malheur de ceux qui les reçoivent... L'homme joue à la chapelle toute sa vie, et la France est le pays de ces petites chapelles et de ces vieux enfants.

Les Chinois n'ont jamais eu de prix ni d'académies, et ils ont inventé toutes nos inventions, ils sont les plagiaires de l'avenir. Les Egyptiens n'ont pas eu de prix ni d'académies, et ils ont fait le lac Mœris ; ils ont créé une architecture admirable ; ils ont canalisé l'isthme de Suez et la vallée du Nil ; ils ont élevé les pyramides ; ils ont couvert d'épis un désert immense ; ils ont fécondé le Delta ; ils ont inventé tous les

4.

procédés de la truelle, du marteau, du ciseau, de l'équerre, de l'échafaudage ; ils ont même inventé la *queue d'aronde*, à la grande stupéfaction de nos architectes contemporains. Les Indiens n'ont jamais eu de prix ni d'académies, et ils ont créé les merveilles artistiques de Java, et incrusté sur le sol de cette île une voie appienne éternelle, de Batavia à Samarang ; elle sera un jour un chemin de fer tout fait.

Les Grecs et les Romains n'avaient point de prix, point d'académies couronnantes, point de dictionnaires in-quarto, et ils ont élevé les beaux-arts à un degré merveilleux de splendeur ; ils ont bâti le Parthénon, le Colisée, le temple de la Victoire Aptère, le portique d'Octavie, le Panthéon d'Agrippa, le pont du Gard ; ils ont créé des langues d'or, ils ont fait rayonner partout, même en Afrique, la voie Appia, construite avec un hachis de montagnes ; ils ont sculpté un monde de statues ; ils ont eu des historiens et des orateurs incomparables, et des poëtes créateurs qui seront le désespoir éternel de tous les poëtes du présent et de l'avenir.

— Allons, mon ami, dit Sander, ne t'échauffe pas ainsi ; songe à soigner le lendemain de ta convalescence, et ne rechute pas. Tu es trop artiste. Prends exemple sur moi...

— Eh ! tu n'as pas de femme, toi ! interrompit Léoni ; tu ne vis pas de la vie d'un autre...

— Je te trouve plaisant, Léoni ! Je vis aussi de la vie de mon amour-propre ; c'est ma femme. Et quand mon amour-propre me crie aux oreilles : Je suis blessé ! mon cœur saigne avec lui. Tiens ! voici ce qui m'arrive avant-hier. Un millionnaire m'appelle pour un travail ; j'accours avec un habit noir, loué trois francs faubourg Montmartre. La joie m'avait mis des ailes aux pieds. On m'annonce pompeusement ainsi : M. Sander de Colombon, peintre d'histoire. La particule *de* avait été ajoutée par le valet de chambre. Je ne réclame pas ; je croise mon habit de louage pour cacher les ruines de mon gilet de Rome, et j'entre le front haut :

» — Monsieur, me dit le millionnaire, quel est votre prix pour les portraits en pied ?

» — Celui que veut bien me donner la générosité du modèle, ai-je répondu.

» — Non, a-t-il repris en souriant, je suis homme positif et élevé à l'école anglaise ; donnez-moi votre chiffre.

» — Mille écus, ai-je dit d'un ton modeste.

» — C'est un portrait de ma femme, a-t-il ajouté.

» — Alors, ai-je répliqué, c'est mille francs de plus, à cause des accessoires, qui sont fort délicats à traiter. M. Dubuffe demande six mille francs, et il n'est pas prix de Rome.

» — Diable ! diable ! c'est beaucoup d'argent ! a murmuré le millionnaire.... nous ne nous mettrons jamais d'accord... Cependant je ne veux pas vous avoir dérangé pour rien.... Veuillez bien me suivre.

» Je l'ai suivi, et il m'a conduit à l'écurie de son hôtel.

» — Tenez, m'a-t-il dit, voilà un cheval superbe... quelle robe ! et pas d'accessoires ! il est anglais et se nomme *Spark;* que prendrez-vous pour faire son portrait ?..

» Mon amour-propre m'a crié : Songe à Patrocle, à Thétis, à Junon, que tu as enlevés à l'Olympe, et ne peins d'autres chevaux que ceux de *Rhésus*, avec Ulysse et Diomède ! D'un autre côté, mon habit d'emprunt m'a crié : Songe à ta montre engagée, aux trois francs du loueur d'habits et à ton dîner de demain !.... Alors j'apaise le courroux de mon amour-propre, et je demande quinze louis, dont cinq d'avance, ce qui m'est accordé... J'arrive pour faire un portrait de femme, je fais le portrait d'un cheval. C'était bien la peine d'étudier l'école de Florence et l'école de Venise, l'école de la forme et l'école de l'esprit. On aurait dû me laisser à Paris, et me payer trois ans mes études dans les écuries du roi.

— C'est comme pour nous, lauréats de la musique, dit Léoni; on nous envoie à Rome, la plus sérieuse et la plus auguste des villes, pour nous donner ces hautes inspirations qui font la grande musique. On nous fait vivre dans les lignes solennelles de l'horizon romain, pour élever notre génie jusqu'aux cinq actes du drame lyrique, et puis, les statuts nous condamnent à la paysannerie des *morguenne* et des *tatigué*. C'était aussi bien la peine de nous envoyer réfléchir à l'ombre du Colisée ou du Vatican! Il fallait nous parquer à Bougival ou à Chatou : et là, nous aurions fait ce qu'ils appellent *du naturel et du simple* à l'ombre des pommiers.

— *Simple et naturel*, murmura Sander, en souriant.

— Ah! oui! reprit Léoni; voilà encore deux mots inventés par les rhéteurs invalides qui ne sont jamais sortis de leur cinquième étage du quartier Mouffetard. Certes, le *simple* est une fort belle chose, et le *naturel* aussi, quand le sujet l'exige. *Imitez la nature,* vous disent ces rhéteurs; mais la nature n'est pas naturelle comme vous l'entendez; elle est simple dans la prairie et sublime dans les Alpes; elle parcourt toutes les gammes du clavier de l'univers; elle passe de la brise douce à l'ouragan des tropiques; du frémissement des feuilles aux éclats du tonnerre; de la mer calme à la tempête dévorante; elle fait gazouiller le ruisseau et mugir la cataracte du Niagara; elle dépose la petite fleur à côté du cèdre du Liban; elle met sous nos pieds le grain de sable et sur nos têtes l'infini. Eh bien, oui, nous imiterons la nature, mais pas celle de votre mansarde, mais la vraie nature, celle de la rhétorique de Dieu.

— Tu as raison, mais on te dira encore demain : *Imitez la nature,* faite du *simple* et du *naturel*. Il y a des mots qu'on ne détruit pas.

— Eh bien, voyons, dit Léoni en croisant ses bras, y a-t-il quelque remède à cela ?

— Es-tu naïf, mon petit musicien ! Est-ce qu'il y a des remèdes à quelque chose ? Les routines sont des maladies incurables. On fera des prix de Rome et des bacheliers jusqu'à la fin du monde. L'Antechrist sera bachelier et prix Montyon. On ne peut pas

même changer les mots qui blessent le sens moral...
Ainsi tu t'es révolté contre le mot *secours* appliqué
aux quinze louis que tu as reçus ?

— Oui, certes; ce mot *secours* est humiliant, et
j'aimerais mieux me secourir avec un pistolet que de
faire une nouvelle demande.

— C'est comme l'hospice des *Incurables,* reprit
Sander. Un homme entre dans cet hospice, et il voit
sa condamnation écrite sur la porte; on lui dit : —
N'ayez aucun espoir; vous êtes *incurable!* ce n'est ni
poli, ni chrétien; car il y a dans cette hospice un
prêtre qui lit une fois l'an l'histoire de Lazare; c'était
un fameux *incurable* celui-là! il était mort depuis
sept jours! eh bien, il fut guéri, et il a été un évêque
des Gaules.

— C'est juste, dit Léoni, et le mot *incurable* ne
sera jamais effacé.

— Pas plus que celui des *Invalides,* reprit Sander;
comme c'est aimable de dire à un soldat : Mon ami,
vous ne valez plus rien du tout; c'est la traduction du
mot. Il est vrai de dire que l'habitude s'en mêle, et
que le soldat lui-même avoue son état et dit : *Je ne
vaux rien du tout,* comme s'il disait : Je me porte
très-bien.

— Ainsi, dit Léoni, on donnera toujours un acte aux prix de Rome?

— Toujours, mon ami, toujours. Il y a eu depuis la création de l'ordre cinquante prix de Rome. Six ou sept ont plus ou moins réussi; que sont devenus les autres? Le public a l'oreille paresseuse en matière de grande musique, et il est répulsif au nouveau. Si nous avions cent chefs-d'œuvre des prix de Rome, que dis-je, cent! beaucoup moins, cinquante, vingt-cinq, dix, il serait impossible de les faire jouer. Vous avez encore contre vous un bataillon de géants, qui ne sont pas des prix de Rome, et qui s'appellent Rossini, Auber, Meyerbeer, Bellini, Donizetti, Weber, Mozart, Hérold; ceux-là passeront toujours avant vous, et vous ne passerez jamais après eux, parce que le public parisien préfère ce qu'il sait à ce qu'il ne sait pas. On jouera un nouveau dix fois, mais on reviendra toujours aux anciens, qui, par malheur pour les jeunes, sont très-jeune, quoique vieux, et qui seront bien plus vivants encore quand ils seront morts. Ainsi, on envoie un lauréat à Rome, et il semble qu'on lui adresse cette recommandation : Ne vous avisez pas de faire des chefs-d'œuvre, il y aurait encombrement. Promenez-vous à Villa-Borghèse, jouez aux dominos, au café des *Grecs*, et étudiez la grande poésie de l'horizon romain pour faire un acte d'opéra-comique sur les paysans de Bougival!

— Vraiment, dit Léoni en crispant ses mains jointes sur sa tête, je ne vois aucune ressource, il n'y a que le désespoir au bout, et le... Tu reporteras cet acte au directeur...

— Oui, et que lui dirai-je?

— Tout ce que tu voudras; cela m'est bien égal!

— Je vais terminer mon cheval, moi, et nous partagerons entre amis le bénéfice.

— Et après?

— Après... bah! on trouve toujours quelque chose... il ne faut pas songer à faire sa vie, il faut la laisser faire... Une idée!... Ah! si un ministre pouvait l'avoir! — Si cette pension triennale de mille écus, accordée à un prix de Rome, durait toute la vie... hein? comment trouves-tu le remède? Cela ne ruine pas l'État, et serait d'un grand secours pour ces pauvres jeunes gens, qui se trouvent ruinés au moment où ils ont besoin d'un peu d'argent pour faire jouer leur acte de début.

— Ton idée est excellente, dit Léoni, mais je raisonne en égoïste; elle ne pourra m'être utile qu'après ma mort. Il faudrait faire au moins vingt pétitions à la chambre des députés pour arriver à un résultat. Tu vois que l'échéance touche aux calendes grecques.

— C'est égal, dit Sander, je n'abandonne pas mon idée, c'est ma fille, et elle sauvera son père. Diable ! si j'avais mille écus de pension, je ferais mon *Annibal à Capoue,* dont tu connais le carton ! un chef-d'œuvre en herbe ! Allons terminer le portrait de ce cheval.

Il serra la main de Léoni, prit le libretto de l'acte, en disant mille choses affectueuses à la femme, et il sortit.

Gésualda travaillait dans sa petite chambre, et n'avait rien entendu de cette conversation.

A partir de ce jour, la misère fit de nouveaux progrès dans la mansarde. L'hiver était venu avec ses ennuis, ses douleurs et ses accablements. Un propriétaire, hideux comme un créancier timbré, faisait de fréquentes apparitions pour réclamer deux termes, en disant que le commerce allait mal. Ce spectre en redingote épouvantait Léoni et lui donnait des angoisses intolérables ; il n'avait pas reçu du ciel l'insouciante organisation du débiteur.

Un coup de sonnette ayant toujours la même

gamme, un tintement sinistre donné par une main qui connaissait l'instrument de la porte, faisait tressaillir notre pauvre musicien, comme s'il eût entendu la trompette du jugement dernier ; il ouvrait en tremblant et reculait d'effroi devant cette redingote acharnée qui venait lui faire des lamentations sur les infortunes des propriétaires. Léoni regardait alors la mansarde, avec l'envie de mesurer ses quatre étages ; mais une parole de sa femme le retenait au bord de l'abîme, et il demandait un sursis de huit jours en bégayant.

Un soir, comme il s'en revenait du Luxembourg, il eut une idée bizarre, qu'il mit à exécution le lendemain, à son réveil, sans la communiquer à sa femme. Il profita même de son sommeil pour écrire au ministre la lettre suivante :

« Monsieur le ministre,

» Hier, en traversant l'orangerie du Luxembourg, magnifique serre très-bien chauffée par des poêles humains, j'ai vu deux orangers morts et desséchés sur leurs caisses n°ˢ 16 et 17. Ces pauvres arbustes étaient entourés de soins et de chaleur, mais ils avaient l'année extrême de leur vieillesse. Ce n'est pas l'hiver qui les a tués. J'ose, monsieur le ministre, vous demander la survivance de ces deux orangers pour ma femme et pour moi. Nous serons fort bien logés jusqu'au printemps prochain et sans payer de terme. Vous ne refuserez pas à deux êtres humains qui vont mourir de froid la généreuse hospitalité que vous accordez à deux arbustes.

» LÉONI R.

« Prix de Rome, rue Jean-Jacques Rousseau. »

— Je sais bien, se dit-il, qu'on ne nous plantera pas sur les deux caisses disponibles, mais c'est toujours un bon avertissement que je donne au ministre, et cela ne pourra que tourner à bien.

Par malheur, les ministres ne peuvent pas lire les innombrables lettres qu'ils reçoivent chaque jour; un secrétaire est chargé de faire un choix; il met les élus à sa droite et les réprouvés à sa gauche, et ne présente que les premiers. Ce haut justicier épistolaire ne prit pas même la peine de lire jusqu'au bout la supplique de Léoni ; il haussa les épaules, en disant : Charenton est trop étroit ! Et le pauvre musicien fut mis dans la catégorie des réprouvés.

La réponse fut attendue longtemps, mais elle n'arriva pas.

Le dernier sursis donné par le propriétaire venait d'expirer. Cinq heures du soir sonnèrent à Saint-Eustache, à l'unisson avec la sonnette créancière. La nuit régnait dans la mansarde, et la bougie qui devait l'éclairer de ses coûteux rayons était encore chez l'épicier du coin ; il fallait ouvrir pourtant au roi absolu de la maison. Il entra, plus spectre que jamais, à cause des ténèbres, et redemanda son terme du même ton qu'il aurait demandé l'aumône. A cette parole dolente, un accès de folie éclata dans le cerveau de Léoni ; il s'indigna de voir un homme riche parler sur la gamme des besogneux, et il répondit brusquement en mettant le propriétaire à la porte.

—Monsieur, cria celui-ci en changeant de ton, vous sortirez demain, et je retiens vos meubles !

Gésualda était accourue au bruit pour calmer la colère de son mari ; mais cette fois la voix mélodieuse avait perdu son empire, la rosée ne pouvait éteindre le volcan.

Un frisson glacial fit tressaillir la jeune femme, cette pauvre exilée du soleil italien. La chambre était glacée, le feu éteint faute de bois, le bois absent faute de vingt sous. Léoni, à demi privé de la raison, courut à sa partition de *Cléopâtre*, la déchira, en jeta des lambeaux au poële, et y mit le feu. Puis, comme dominé par une idée secourable, il se leva, embrassa sa femme en versant les larmes du délire, et lui dit :

— Aime-moi toujours, je vais chercher de l'argent; demain nous serons jetés sur le pavé de Paris. Ma femme, prie Dieu pour moi !

Et il sortit en repoussant une dernière caresse de sa femme désespérée; il descendit d'un bond les quatre étages, en répétant vingt fois la même chose, comme font les fous : Elle ne sortira pas, elle ! elle ne sortira pas.

L'hiver avait semé toutes ses infamies dans l'air et sur la rue. C'était une de ces soirées homicides qui semblent condamner à mort tous les vassaux de la faim et de la dette. La boue, le verglas, la pluie glacée, la neige fondue, la bise aigüe, la brume épaisse, tous les trésors de l'arsenal polaire s'épuisaient sur Paris. La nature avait fait de toutes ces horreurs sa robe de deuil; et les plus malheureux ne pouvaient pas même songer au ciel, parce qu'ils ne le voyaient pas.

Léoni courait avec son idée, et rien ne pouvait l'en distraire, il arriva sur le boulevard des Capucines et dit :

L'endroit est bon.

C'était l'heure où les riches habitués des Italiens vont se faire regarder dans leurs loges et applaudir les artistes. La file des équipages suivait le milieu du boulevard en le sillonnant de ses lanternes splendides.

Le jeune musicien avisa de loin une voiture de première classe, enlevée par des chevaux sérieux et gouvernée par un cocher couvert de riches fourrures.

— Mon Dieu ! dit-il, donnez à ma femme le courage de vivre !

Et, après s'être assuré que sa poche était munie de plusieurs lettres à son adresse, il traversa le boulevard, feignit de glisser sur le verglas et tomba devant les chevaux de ce riche équipage.

Les chevaux se cabrèrent avant le coup d'arrêt du cocher, et retinrent la voiture en la faisant reculer. Deux domestiques se précipitèrent pour relever le malheureux Léoni, qui disait à voix basse : Dieu veut que je vive.

La portière s'ouvrit, et un homme, chez qui tout annonçait la distinction, vint se mêler au groupe, et questionna Léoni avec le plus vif intérêt :

— Je ne suis pas blessé, dit le jeune homme.

Et il ajouta : Malheureusement.

— Veuillez bien monter dans ma voiture, dit le monsieur, vous devez avoir eu bien peur; je vous conduirai chez vous. Le pavé, ce soir, est bien glissant et fort dangereux.

Léoni, trop ému pour refuser, accepta l'offre et se laissa conduire chez lui.

Chemin faisant, l'entretien s'établit, et Léoni fut obligé de répondre à beaucoup de questions; mais sa délicatesse lui ferma la bouche sur les motifs qui l'avaient poussé au suicide par le riche, le seul qui puisse assurer une pension alimentaire à une veuve.

— Je suis le comte Stephen de C***, dit l'interlocuteur en s'arrêtant à la porte de la maison indigente où logeait Léoni, — vous venez de subir un accident très-grave, et qui peut avoir des suites, obligez-moi d'être mon débiteur de ceci... un chiffon...

Et il mit un billet de 500 francs dans la main de Léoni qui repoussa énergiquement le don offert.

Le comte insista, et la lutte fut assez longue ; mais le souvenir du spectre du propriétaire l'emporta sur les répugnances de la délicatesse. Le billet sauveur fut enfin accepté.

Léoni monta lentement l'escalier, pour se remettre et rajuster le désordre de sa toilette ; il savourait la joie de la résurrection, et renvoyait au lendemain le soin de préparer un nouvel avenir, puisqu'il n'était plus écrasé par le poids du moment, grâce à une ressource providentielle.

— Il y a encore des amis, dit-il à sa femme sur un ton naturel ; nous ne quitterons pas cette mansarde demain, et nous y resterons même très-longtemps.

Guésalda sauta de joie et demanda des explications à son mari.

Le mensonge vint encore en aide au jeune ami de la vérité. Il inventa une histoire ; c'était un camarade de collége qui lui avait prêté un billet de cinq cents francs, c'est-à dire une fortune.

Alors la jeune femme prit un air triste, et montra le poêle qui avait dévoré moitié de la partition de *Cléopâtre*.

— Oh! dit Léoni, cette journée a fait de moi un autre homme. Il m'est prouvé que la place manque aux compositeurs de la grande musique. Je ne puis me diminuer, et me mettre au niveau des faiseurs de romances, ou écrire sur des sujets bourgeois. Dieu m'a ordonné de vivre, je vivrai pour toi, et peut-être un jour pour moi. En attendant, il me faut imiter mon ami Sander, qui fait le portrait d'un cheval, après avoir composé de grandes toiles. J'ai un vrai talent de copiste, et je puis en vivre. La mansarde de Rousseau verra deux fois la même chose dans un siècle. Je copierai la musique des autres, ne pouvant placer la mienne, et nous ferons, comme Jean-Jacques et sa femme, de bons dîners à cette fenêtre, avec des cerises de Montmorency ou du veau froid acheté au restaurant du coin.

— C'est cela! dit Gésualda rayonnante; te voilà un homme enfin! et moi, je sais très-bien coudre et broder, et j'adore le travail. Tu vois que nous serons plus riches que M. Rousseau, parce que sa femme, a dit M. Sander, était une paresseuse.

— Oui, dit Léoni en riant pour la première fois depuis quinze jours, une grande paresseuse, et qui ne rendait pas son mari fort heureux.

— Parce que son mari était pauvre, n'est-ce pas? demanda la jeune femme.

— C'est possible, ma chérie ; en général les femmes n'aiment pas un mari pauvre.

— En France?

— En France et partout, ma bonne Gésualda; mais tu m'aimeras, toi?

— Je t'aimerai bien mieux, parce que, vois-tu, un mari riche n'appartient pas tout entier à sa femme ; il a trop d'occasions de la négliger.

Ce traité d'amour, d'indigence et de travail fut donc ainsi conclu et religieusement observé.

Le prix de Rome, l'auteur de *Cléopâtre* inédité, Léoni R***, a été, depuis ce jour, et est encore aujourd'hui le meilleur de nos copistes de musique ; il a deux enfants, et leur a donné un état qui les éloigne de tout chemin qui mène à Rome.

II

LE CHATEAU DE LA FAVORITE

Sur tous les chemins qui rayonnent de Bade, on trouve des curiosités ou des merveilles, œuvres de la nature ou des hommes. Ce sont d'heureux termes de promenades pour les étrangers avides de distractions dans les longs jours d'été. Parmi tant de choses curieuses, le château de la Favorite jouit d'une attraction exceptionnelle : on lui dit toujours : au revoir ! quand on l'a vu, et on ne se lasse pas de le visiter.

Ce château mystérieux semble avoir une âme : il est peuplé, quoique désert ; il est bruyant, quoique silencieux ; et même aux heures rayonnantes du milieu du jour, on croirait voir passer de gracieux fantômes sous la voûte de ses galeries et les arbres séculaires de son parc. Les échos des lambris semblent redire autre chose que les paroles des vivants ; il y a dans l'air le son expirant de la musique d'un autre âge ; un dernier soupir des fêtes évanouies ; une lueur agonisante des girandoles du dernier bal ; un parfum de sensualité aristocratique qui charme et fait rêver aux amours d'autrefois. Les visiteurs émus parlent bas, comme s'ils traversaient l'antichambre d'une reine ; ils sont polis avec des propriétaires qui ont plutôt l'air d'être absents que d'être morts ; ils marchent sur la pointe des pieds, comme s'ils craignaient de réveiller les margraves endormis dans ces somptueuses alcoves, toujours parées de leurs ornements.

On regarde surtout avec une curiosité fiévreuse cette salle à manger qui semble appartenir à quelque fantastique manoir des contes bleus. La source de ses quatre fontaines est tarie ; son orchestre aérien, qui a réjoui tant de convives, garde un silence de tombe ; ses fenêtres tamisent un jour crépusculaire qui donne à l'architecture l'atmosphère d'un rêve sinistre. La porte vermoulue est clouée sur ses gonds, comme si un arrêt mystérieux lui défendait de s'ouvrir et d'introduire le soleil. On se penche sur le haut balcon de marbre, et l'on regarde cette salle avec cette volupté âcre qui vous retient aux bords d'un précipice; on interroge ces statues des fontaines, et elles gardent le mutisme des sphinx ; on se recueille pour écouter les murmures intérieurs, comme s'ils allaient nous faire une confidence ; rien n'arrive ; c'est le bruit du vent du midi dans les chênes du voisinage; on interroge la jeune *ciceronia* du château ; elle répond : *C'est la salle à manger*, et elle vous entraîne impérieusement dans la *galerie de réception*, une galerie qui ne reçoit plus que le néant.

Les touristes qui ne vont pas au fond des choses et se contentent des apparences voient cet intérieur de château sous un aspect différent. Il y a toujours deux manières de voir les châteaux mystérieux. Celui ci a son côté charmant ; on peut le décrire et l'admirer comme une grande chinoiserie brodée au ciseau par le caprice d'une jeune et belle princesse ; la façade, bizarrement coquette, annonce déjà les surprises de l'intérieur. Vous franchissez le seuil. Un rayon de soleil réjouit le corridor. On vous montre la cuisine ;

elle est fort gaie; c'est le laboratoire d'un chimiste de la gastronomie. Les fourneaux sont prêts à fonctionner pour Lucullus ou Balthazar. Quel est ce tableau suspendu au mur ? c'est la carte du jour, peinte par un maître-d'hôtel artiste ; elle a prévu toutes les fantaisies de la gourmandise, et exhibe un plat en relief dans chacun de ses nombreux compartiments, depuis le gigot vulgaire jusqu'au pâté d'anguille, en passant par le brouet de Lacédémone. La femme qui a fait le plan de cette carte de l'appétit sensuel était digne de figurer au festin de Trimalcion. Elle adorait au moins un des sept péchés capitaux, et le plus excusable, la gourmandise ; il est vrai que celui-ci reste rarement isolé. Voici ce que la tradition raconte. La belle princesse Sibylla-Augusta se faisait présenter à son réveil cette carte appétissante, et son joli doigt indicateur désignait à la camériste les plats qui paraîtraient à sa table aux trois repas de la journée. C'est une charmante invention.

Les piles d'assiettes entassées dans le bas-office et la collection de coupes, de cristaux annoncent que la princesse Sibylle ne redoutait pas le nombre des convives et qu'elle poussait même l'attention jusqu'à faire graver sur les coupes les noms des habitués de ses festins. L'idée est délicate et digne d'une femme de goût. On aime assez à boire toujours dans le même verre. Et quels verres gigantesques ! ils font venir le Johannisberg à la bouche ! On dirait qu'il n'y avait que des Goliaths à la table de ce château. Notre époque de verres-mousseline est humiliée devant ces libations de burgraves. Étonnez-vous ensuite si ces puissants gentilshommes, doués d'un estomac de granit, soutenaient une guerre de trente ans et portaient des cuirasses à la *Merrimac !*

Cette cuisine donne des idées riantes aux touristes gastronomes, et lorsqu'ils sont conduits dans la salle à manger, ils s'extasient sur sa dimension, digne de repas homériques. On les voit là réunis, ces nombreux convives, autour de la châtelaine belle comme une déesse. Cinquante musiciens exécutent des symphonies écloses dans les vignobles du Rhin ; les fontaines mêlent leur quatuor aux mélodies aériennes ; la brise de midi joue avec les branches horizontales des cèdres du parc; le cliquetis des grands verres complète cette harmonie allemande ; et nous, voyageurs, qui faisons revivre ce tableau du passé, nous nous surprenons regrettant ces nobles époques où le festin ainsi ordonné était la fête de chaque jour, et non pas un événement dans la vie. On donne ensuite des sourires à toutes les ravissantes futilités du château, à toutes les créations de la princesse artiste ; aux salons incrustés de mosaïques amusantes ; aux plafonds semés de petits amours ; aux soixante portraits de la châtelaine; aux tentures pleines de sujets mythologiques; aux cabinets tapissés de miroirs vénitiens ; aux riantes cheminées de porcelaine, à toutes les bizarreries de ce luxe qui appartient au mobilier des rêves et ne veut avoir rien à démêler avec le décorateur et le tapissier de la cour.

Il n'y a qu'une voix dans la caravane étourdie des visiteurs : C'est charmant ! quelle adorable fantaisie ! quelle heureuse princesse ! quels beaux jours à jamais éteints !

Une voix dit : Allons à l'Ermitage ! et les touristes suivent gaiement une jeune fille qui les conduit à l'Ermitage : c'est une petite chapelle fort pittoresque ; on y arrive par un sentier de fleurs et de gazons et des allées de beaux arbres. Le site est délicieux et fait penser aux anciens étés de la Favorite. Ces arbres, la princesse Sibylle les a honorés de son regard ; ces gazons, elle les a foulés dans ses rêveries ; cet air qui descend de la montagne voisine, elle l'a respiré dans ses promenades. Sa beauté royale a donné l'enchantement et la vie à ce splendide horizon ; ceux qui la voyaient passer sous ces voûtes de feuilles étaient heureux de l'admirer de loin et de cueillir les fleurs sauvages courbées sous ses pieds divins.

On entre à l'Ermitage. C'est le passage instantané des extases de la vie aux horreurs de la mort. L'Ermitage de la Favorite aurait donné des frissons à Jérôme, à Pacome, à Paul, à Macaire, à tous les saints anachorètes de la Thébaïde du Nil. Quel contraste avec le château ! il y a dans cette chapelle les formidables fantaisies du sépulcre, le luxe du repentir, l'hyperbole de l'expiation. Le cilice, la haire, la natte, la discipline attestent une pénitence au-dessus de la faiblesse de la femme. Le squelette s'y cache sous des haillons ; les images des saints y sont livides comme des fantômes ; les vitraux y reflètent les lueurs de l'enfer. La princesse Sibylle, dit-on, a porté ce cilice garni de pointes et cette croix garnie de clous ; elle a dormi sur cette natte ; elle s'est assise à cette table où elle avait pour convives ces statues de cire qui donnent le frisson dans leur béate immobilité. Sainte Madeleine, l'illustre pécheresse repentante, est la patrone de cette chapelle ; voilà le tableau qui la représente courbée sous le poids de l'expiation.

Cet appareil lugubre ressemble à une accusation muette portée contre la princesse Sibylle : on se demande quel si grand crime a pu contraindre une femme à se dénoncer ainsi elle-même, par une pareille expiation, afin de trouver grâce devant Dieu.

On raconte alors des fables, des légendes, des traditions, des chroniques, et l'Ermitage semble justifier toutes les conjectures. Eh bien, j'ose dire que l'histoire de la princesse Sibylle est encore à peu près inconnue. On a écrit çà et là quelques phrases plus ou moins ingénieuses sur sa vie ; on a hasardé timidement de graves calomnies ; on a fait confusion de dates et d'époques; on a même dit qu'elle passait le carême dans les exercices expiatoires de l'Ermitage, et qu'elle rentrait, après Pâques, au château, pour recommencer de plus belle sa vie de folles équipées, dans le voisinage de son mari. Tout cela est faux. J'ai voulu réviser le procès de cette illustre femme : après avoir puisé aux meilleures sources, qui sont à Rastadt, je puis aujourd'hui jeter un jour nouveau sur les mystères de la Favorite ; et si je ne parviens pas à justifier complétement la princesse Sibylle, j'expliquerai du moins son énigme, vieille de cent trente ans.

Le marquis Louis de Bade épousa la princesse Sibylle âgée de dix huit ans. On peut voir au château de Rastadt le portrait de la mariée ; elle est éblouissante de grâce, de fraîcheur et de beauté ; le petit portrait de la Favorite ne lui rend pas justice.

La princesse était excellente musicienne ; elle dessinait admirablement, et, dans cette Allemagne où les femmes brodent si bien, aucune ne brodait comme elle. Allez voir à Rastadt son écran ourlé de perles. Il représente Judith donnant à sa servante la tête d'Holopherne. C'est un chef-d'œuvre. Seulement il prouve que la belle brodeuse choisissait énergiquement ses sujets. Ceci est un trait de caractère bon à remarquer : une idylle de Gessner n'aurait pas tenté la virile main de la princesse. Si le sauvage général Mélac eût assiégé Rastadt après Heidelberg, la princesse Sibylle était femme à jouer le rôle de Judith.

Le prince Louis de Bade, dont la dynastie est éteinte depuis un siècle, naquit à Paris et fut le filleul de Louis XIV. Il prit le goût de la guerre sous le ciel trop belliqueux de la France, et la guerre occupa sa glorieuse vie. Il s'illustra sur cinquante champs de bataille; il prit des villes, chassa Mélac du Palatinat, se mesura héroïquement contre Turenne et Villars, et mérita le nom de grand capitaine à côté du prince Eugène et de Montecuculli. Enfin, il fit contre les Turcs une admirable campagne sur le Danube et rapporta comme trophées à Rastadt le sérail d'un pacha. Les portraits en pied des odalisques sont toujours exposés dans une salle du château de cette ville. Les loisirs consacrés par ce héros à la princesse Sibylle, dans une guerre longue comme la vie, ne doivent pas avoir été nombreux.

La guerre est une fort belle chose, mais vue dans le passé. La guerre est amusante pour ceux qui la font, mais ennuyeuse pour ceux qui la regardent faire. Les femmes surtout, délaissées aux manoirs, ayant pour maris des héros qui ont épousé la gloire en secondes noces, les femmes s'ennuient mortellement. La gloire est une rivale dont elles sont jalouses, et si un cruel abandon leur conseille la moindre distraction innocente, une chronique calomnieuse les noircit avec sa férocité bourgeoise et les oblige parfois à mériter l'anathème que leur lancera la vertueuse postérité. Si les femmes allaient en guerre, comme les antiques amazones, les maris s'enseveliraient au fond de leurs cellules et garderaient aux absentes une fidélité invincible. Nous savons cela. Mais les hommes ont une force de caractère qui manque à la faiblesse des pauvres femmes, quelquefois.

Cette réflexion n'a aucun rapport au sujet ; elle est faite en thèse générale et ne concerne nullement le procès que j'instruis d'après les révélations de Rastadt.

La princesse Sibylle se montra héroïque, quand elle vit son mari rentrant à son château avec un sérail de belles Géorgiennes et Circassiennes. Elle fit le meilleur accueil à ces esclaves et les classa parmi ses femmes de service ; je crois même que les portraits sont de sa main.

La paix d'Utrecht, qui mit fin à la guerre de la succession, en 1708, et le traité signé à Rastadt entre Villars et le prince Eugène rendirent la tranquillité à la France et à l'Allemagne ; alors les vaillants hommes de guerre, qui ne vivaient que d'activité dévorante, sentirent leurs fatigues et leurs blessures, et trouvèrent dans le calme de leurs manoirs la mort qu'ils avaient bravée mille fois sur les champs de bataille. L'héroïque prince Louis, cet Achille badois, mourut, faute d'aliments de gloire, vers 1712, et fut inhumé dans le château des margraves de Bade. Sa veuve, qui devait lui survivre vingt-deux ans, s'enferma dans un isolement austère, à Rastadt, et son deuil se prolongea bien au delà du terme imposé aux veuvages dans les coutumes somptuaires de son pays.

Un peu avant la mort du prince Louis, la princesse Sibylle avait fait commencer, sur ses plans, le château de la Favorite, pour donner du travail et du pain à tant de malheureuses familles, victimes des sauvages guerres de Louvois.

La princesse était alors dans tout l'éclat de la jeunesse ; elle avait trente ans, ce bel âge de la femme, âge d'or qui souvent se prolonge jusqu'à cinquante. Elle avait subi toutes ces horribles souffrances et ces intolérables ennuis qui empoisonnent la solitude en temps de guerre et donnent aux femmes un veuvage anticipé du vivant de leurs maris. Elle avait vu deux fois les embrasements de la campagne palatine ; elle avait entendu les cris d'agonie de tout un peuple de laboureurs ; elle avait donné asile aux fugitifs de Mannheim, de Spire, de Heidelberg et de trente-deux villages en cendres ; elle avait passé toutes ses nuits et tous ses jours à entendre le sauvage concert des canons de la France et de l'Allemagne ; elle avait enfin connu toutes les horreurs de la guerre, sans avoir savouré, comme les hommes, ces enivrements sublimes que donnent la bataille et la victoire. Un jour, elle attendait son mari, après une campagne éternelle, et elle le vit arriver, tout radieux de gloire, le front ceint des palmes de l'Orient, mais escorté de douze belles Géorgiennes, veuves de leur pacha!!!

La princesse Sibylle fut fidèle à ses devoirs d'épouse ; elle honorait dans son mari le héros du Danube, du Rhin et du Neckar ; et la calomnie posthume, peu soucieuse des dates et des époques, a poursuivi son ombre dans ce château de la Favorite, où le prince Louis n'est jamais entré. La jeune *ciceronia* qui introduit les étrangers dans ce château montre le portrait du prince Louis à côté de celui de la princesse Sibylle, et donne quelques détails qui font croire que le valeureux guerrier venait se reposer là de ses glorieuses fatigues après les guerres lointaines. Alors les visiteurs font leurs conjectures, et elles sont toujours empreintes d'une malignité humaine. Ensuite la chapelle de l'Ermitage vient corroborer ces suppositions outrageantes. On croit généralement que le scandale permanent avait son expiation périodique. Eh bien, il m'est prouvé, et je le prouverai facilement aux autres, que cette chapelle date à peine de la fin du siècle dernier et qu'elle a été bâtie et ornée bien des années après la mort de la princesse Sibylle, qui eut lieu en 1733. Les yeux exercés ne peuvent s'y méprendre. A voir la fraîcheur relative de certains détails d'ameublement, à voir la table des repas frugaux et les figures de cire, on ne peut admettre que cette chapelle soit vieille de cent quarante ans. L'humidité locale aurait fait bien d'autres ravages. Oui, l'expiation a été subie par la princesse Sibylle ; oui, le repentir s'est élevé au-dessus des forces d'une femme ; mais on se trompe sur le lieu témoin de cette sublime pénitence. Pour éclaircir ces mystères, il faut raconter l'histoire du château de la Favorite et du château de Rastadt. Le côté sinistre de la fameuse salle à manger aura son explication. Nous allons entrer en plein drame ; mais, au dénoûment, nous aurons la vérité, ou du moins sa proche voisine ; car, en histoire, la vérité absolue ne pourrait venir que d'une confidence de Dieu.

I

Un mandarin chinois fit un jour cette question à notre ambassadeur M. de Lagrenée :

— En France, aime-t-on les feux d'artifice?

— Oui, répondit l'ambassadeur.

— En tire-t-on souvent?

— Une seule fois dans l'année, le jour de la fête du roi.

— Alors, on ne les aime pas, répliqua vivement le mandarin; car si on les aimait, on en tirerait tous les soirs, et puisqu'on ne les aime pas, je ne vois pas pourquoi on les fait servir à la fête du monarque.

Ce raisonnement chinois peut s'appliquer à beaucoup d'autres plaisirs qui ne sont pas des feux d'artifice, comme les bals, les concerts, les festins, les voyages, les spectacles, les fêtes et toutes les amusantes distractions que la richesse parcimonieuse ne se donne qu'à longs intervalles, et après des inter-

mèdes d'ennuis et de regrets qui durent souvent une
saison. Si l'opulence ne retrouve pas le lendemain le
bonheur qui l'a enchantée la veille; si ce régime
d'abstinence se prolonge trop, dans un intérêt d'économie, plutôt que par une sage précaution hygiéni-
que, la langueur, le marasme, la nostalgie couvrent
de leurs vapeurs les lambris d'or et les tentures de
soie. On a beau habiter même le Louvre, on s'écrie
toujours, en bâillant, comme sous Louis XIII : *l'ennui
pleut au Louvre! donnez-nous donc encore aujourd'hui
ce qui nous amusait tant hier.*

Il y a des natures vigoureuses qui ne redoutent pas
d'arriver à la satiété par l'abus des amusements. Le
nabab de Batavia et le banquier de Londres, qu'ils se
nomment Palmer ou Rothschild, économisent les
fêtes, de peur, disent-ils, de se blaser par la répétition
des mêmes plaisirs. Il faut bien donner une raison,
et celle-là est aussi mauvaise qu'une autre. Les
femmes seules sont toujours prêtes à s'amuser ; elles
dansent tout l'hiver, sans éprouver le besoin du repos. C'est une femme qui a inventé cette belle
maxime qu'aucun sage de la Grèce n'a découverte :
La vie devrait être un bal perpétuel. Donnez à une
jeune et belle veuve la fortune de Palmer et de

Rothschild, et vous verrez si son théâtre fera souvent *relâche,* en été ou en hiver.

La princesse Sibylle a été cette femme : trois ans après la mort de son mari, elle était reine par la richesse, l'esprit et la beauté ; elle était libre par la grâce du veuvage ; elle était excitée aux folles distractions par les ennuis d'une longue guerre et les tortures de sa prison. Dès que le mur d'airain qui s'élevait autour d'elle se fut écroulé, elle courut à l'air libre, elle voulut respirer ; elle voulut vivre, et elle ouvrit son château de la Favorite à tous les nobles seigneurs, à tous les artistes qui brillaient dans le monde par leur esprit ou leur talent.

Cet attrait fascinateur qui luit comme une auréole sur le front des belles veuves produisit bientôt son effet ; l'idole fut entourée d'adorateurs sincères et de courtisans ambitieux. L'amour embrasa ce château, décoré sur tous ses lambris des augustes nudités de l'Olympe ; un ouragan de passions se déchaîna dans ce parc mystérieux qui voilait le temple de la déesse ; des rivalités formidables couvertes du masque de la courtoisie surgirent ténébreusement en attendant le jour de l'éruption, et la belle princesse, étourdie par le doux fracas de ses fêtes, joyeuse d'avoir enfin brisé

6.

la broderie de Pénélope, enivrée de l'encens brûlé devant elle, prodiguait les sourires à tout ce monde et croyait avoir réalisé le rêve de la vie heureuse en jouant le rôle d'une déesse qui tient à distance les mortels et ne leur permet que l'adoration. Les jours se suivaient en se ressemblant. Chaque heure avait sa distraction et sa joie. La musique jouait à l'aurore et ne se taisait plus. Les allées du parc et les galeries retentissaient de ces éclats de rire qui sortent, en gammes d'or, du gosier des jeunes femmes et réjouissent l'air. Les artistes chantaient les premières mélodies de l'harmonieuse Allemagne; la salle de bal était sans cesse ouverte au tourbillon des valses; la salle des festins appelait trois fois par jour les nombreux convives; les vins du Rhin ruisselaient à flots dans d'énormes coupes de Bohême; les cascades de quatre fontaines rafraîchissaient les fronts brûlés par l'ivresse; une musique aérienne accompagnait doucement les galantes causeries de la table et le cliquetis des verres, toujours vidés et toujours remplis par ces géants des guerres du Danube et du Rhin.

Les économistes du plaisir ont peut-être raison à leur insu et Lucullus a tort. Il faut savoir mettre le bonheur au régime, et l'amusement à la diète. Le rire ne doit pas être permanent sur les visages humains, trop bien ciselés pour les larmes. Si Dieu avait voulu mettre le paradis sur la terre, il n'aurait pas créé le sien.

Ces réflexions ou les équivalentes étaient formulées au château des fêtes par une jeune femme qui était comme une vivante protestation de la sagesse contre ce monde en délire. Elle se nommait Odilla de Sarneck et on la disait proche parente de la princesse Sibylle. Odilla était une belle puritaine de vingt-quatre ans, affiliée à la congrégation des Bernardines de Rastadt et chanoinesse libre. Répulsive à tous les vœux par peur de les violer, elle avait toujours reculé devant les liens sacrés du mariage et du couvent. Attachée à la princesse par une vive amitié, elle se donna la mission de l'enlever à cette vie de perdition, par ses conseils et ses bons exemples. Tous les samedis, Odilla quittait le château de Rastadt et venait passer le dimanche à la Favorite, pour obliger la princesse à sanctifier au moins le jour du Seigneur par les pratiques pieuses de la religion. Il est inutile d'ajouter que la sage jeune fille était vue de très-mauvais œil par les épicuriens de la Favorite.

Au milieu d'eux brillait alors de tout l'éclat de son esprit et de son élégance le jeune comte de Lille, un seigneur de Versailles, qui aurait inventé les Clilandres et les Valères, s'ils n'eussent pas existé [1]. Ami intime du prince Louis, il s'était cru obligé de devenir amoureux de sa femme, et il eut le premier la chance de paraître dangereux à la belle veuve.

Pour conjurer un péril qui menaçait son veuvage, la princesse résolut de marier le comte avec Odilla et de rétablir par une riche dot les finances délabrées du jeune seigneur.

Quand la proposition lui fut faite sous les arbres du parc, le comte de Lille la regarda comme un piége, et l'amour-propre aidant l'amour, il tomba au pied de la belle veuve et lui exprima sa passion dans un langage brûlant, mais que l'esprit dictait sans passer par le cœur. La princesse écoutait cette déclaration si nouvelle, et flattée d'inspirer un amour romanesque, elle ne s'en offensa point et répondit par un de ces sourires spirituels qui signifient qu'une princesse estime un homme et ne prend pas au sérieux un discours dont la hardiesse mériterait le châtiment de

---

[1] Ce fut un des habitués les plus assidus de la Favorite. On peut voir son nom gravé sur une coupe dans la salle basse du château. Dans son exil, Louis XVIII avait pris le nom de comte de Lille.

l'exil. Elle fit relever l'adorateur, prit son bras et lui dit : Nous sommes en paix avec la France, ne nous brouillons pas.

Ils rentrèrent au château sans échanger d'autres paroles. La princesse s'assit devant son clavecin et joua une sonate. Le jeune comte ne se découragea point, il se posa, dans une attitude gracieuse, à l'angle de l'instrument et s'offrit pour tourner les feuillets de musique.

— Comment trouvez-vous cette sonate? demanda la princesse d'un ton léger qui pouvait ressembler à un encouragement.

— C'est une sonate, dit le comte en s'inclinant.

— Voilà votre opinion, monsieur de Lille; elle ne compromettra pas votre goût.

— Ah ! belle princesse, je suis en paix avec l'Allemagne, et je ne veux pas me brouiller avec elle.

— C'est charmant! reprit la belle veuve, mais on ne se brouille pas pour un morceau de musique.

— Pardon, Altesse; nous nous battons en France pour Lulli et Rameau. C'est une rage. On se bat en vertu des lois de la bonne harmonie et du parfait accord. J'ai reçu, à minuit, devant la porte de l'Opéra, une égratignure faite avec la pointe d'une épée, pour avoir soutenu que le grand air de M. Lulli, dans son opéra de *Thésée*, avait tué Rameau et ses successeurs...

— Ah! dit la princesse en riant, votre Lulli a tué même les musiciens qui doivent naître!

— C'est un fait acquis, répliqua le comte avec un sérieux comique.

— Chantez-moi cet air, monsieur le comte, ce grand air qui doit faire tant de ravages dans la postérité.

— Madame, vous savez qu'il est défendu aux gentilshommes de chanter.

— Et qui a fait cette défense?

— Louis XIV.

— Pourquoi?

— Parce qu'il ne savait pas chanter.

— Mais mon auguste futur allié, le duc d'Orléans, a bravé l'ordonnance; il chante admirablement[1].

— C'est pour faire de l'opposition au roi. Simple habitude des d'Orléans, depuis Gaston.

— Avec quel sang-froid de gentilhomme il dit cela!

---

[1] La famille d'Orléans fut alliée à la famille du prince Louis de Bade.

remarqua la princesse, en éclatant de rire — et savez-vous les paroles de cet air?

— Tout Versailles les sait.

— Voyons, dites-moi ce que sait tout Versailles.

— Les voici, belle princesse... Lorsque j'ai l'audace de fredonner l'air, entre amis, on reconnaît la musique aux paroles :

> Prenez pitié de ma souffrance,
> Trop aimable objet de mes feux,
> Au moins laissez-moi l'espérance
> Si vous dédaignez mes aveux.

— Monsieur le comte, si la musique n'est pas meilleure que les vers, je vous félicite de l'avoir oubliée.. Continuez...

— Madame, je n'en sais pas davantage... Veuillez bien ne pas remarquer l'absence de poésie qui distingue ce quatrain; ne vous attachez qu'au sentiment. S'il m'eût été permis de choisir, j'aurais pu vous citer quelque chose de mieux...

— Et qui ne me brouillerait pas avec la France?

— Oh! brouiller deux grandes nations pour un quatrain!

— Mais la guerre que nous a faite votre maréchal de Boufflers, en 1693, avait un prétexte qui ne valait pas un quatrain, et votre guerre de 1683 n'avait pas de prétexte du tout !

— Madame, dit le comte, jetons un voile sur le passé.

— Soit...

— Me permettrez-vous le quatrain, madame ?

— Votre Versailles est une manufacture de quatrains, je le sais, monsieur le comte...

— C'est la faute de Benserade... Il y a dans la vie d'une femme un moment où elle oublie de refuser, et...

— C'est là le quatrain ? interrompit vivement la princesse.

— Non, madame, c'est un précepte de Benserade...

— Votre Benserade est un sot.

— Il a été un des Quarante...

— Raison de plus.

— Au reste, ce n'est pas lui qui a fait le quatrain que je vais avoir l'honneur de vous dire.

— Allons, il faut se résigner à subir la mode de Versailles.

— Madame, les quatrains sont plus légers que les

robes à paniers qui vont passer le Rhin avec la mode.

A MADAME... TROIS ÉTOILES...

— Prenez garde, monsieur le comte, les trois étoiles éclairent souvent une témérité en plein midi ; prenez garde !

— Oh ! nous faisons, nous, des madrigaux à des Iris en l'air... exemple :

> Oh ! que mon sort serait heureux
> Si, toujours aimé de Sylvie,
> Je pouvais, toujours amoureux,
> Avec elle passer ma vie !

Le comte débita ces vers en les soulignant d'une voix amoureuse, et il laissa tomber sur la comtesse un regard qui supprimait les trois étoiles et signait le quatrain.

La princesse éprouva un sentiment indéfinissable, et, après réflexion, elle s'épouvanta de ne trouver au fond de son cœur ni révolte ni colère. Son silence devenait expressif et ressemblait à une approbation.

Le comte, toujours appuyé contre le clavecin, lutinait ses dentelles et agitait insensiblement sa jambe droite croisée sur la gauche ; il n'avait plus rien à dire, il attendait une sentence de condamnation ou d'acquittement.

Ce silence fut rompu par la princesse.

— Monsieur le comte, dit-elle, en jouant avec son éventail, à combien d'Iris en l'air avez-vous récité ce quatrain?

— A une seule divinité descendue sur terre, répondit le comte sur le ton du respect et de l'adoration religieuse.

La veuve s'éleva de la femme à la princesse au moment où une réponse trop douce allait sortir de ses lèvres, et sur le ton d'une fierté polie, elle dit :

— Monsieur le comte, vous connaissez l'histoire du Tasse qui disait des vers à la... Aidez un peu ma mémoire...

— A la princesse d'Este, dit le comte d'une voix émue.

— Vous n'avez pas oublié la qualité de cette femme, mais le Tasse l'avait oubliée ; vous savez le reste. Les octaves ne réussissent pas plus que les quatrains auprès des princesses.

— Oui, je sais le reste, reprit le comte ; je sais que le poëte perdit la raison dans cet amour, et que la fierté de la princesse s'adoucit ensuite en faveur d'un courtisan stupide qui n'avait pas fait la *Jérusalem délivrée*.

— L'avez-vous faite, vous, monsieur le comte ?

— J'ai fait mieux.

— Ah !... voyons.

— Chanter les guerres, c'est exciter les peuples à les recommencer. Je n'ai pas délivré Jérusalem en strophes poétiques, mais j'ai délivré de la guerre en bonne prose l'Allemagne et la France. Je suis l'ami du maréchal de Villars, et si je n'ai pas consacré ma plume à chanter les combats, je l'ai donnée pour signer la paix de Rastadt, le 6 mai 1714.

Le comte était sorti de son calme de gentilhomme, et ces paroles furent dites avec cette furie française qui supprime toute contradiction lorsqu'elle part du foyer de la vérité.

Il y eut encore un intervalle de silence, mais cette fois il parut favorable au jeune comte. La princesse était ravie d'avoir tort au moment où elle croyait écraser son audacieux adorateur par une interrogation foudroyante. Elle ne s'attendait pas à la réplique ; et la trouvant juste, elle ne voulait pas la reconnaître telle par une approbation flatteuse qui pouvait provoquer cette fois une déclaration directe et sans obscurité. Le comte aurait fait trop de chemin en un jour et il venait de se révéler très-dangereux. Le silence ne devait pourtant pas se prolonger ; une phrase de transition pouvait renouer l'entretien ; elle fut cherchée et trouvée.

— Monsieur le comte, dit la princesse, avec un sourire froid, nous sommes arrivés au sérieux ! en commençant par des badinages, le quatrain nous a conduits au poëme épique. Reposons-nous un peu après ce long chemin.

— Me sera-t-il permis de me remettre en route après la halte ? reprit le comte avec une légèreté charmante.

— Oui... mais je ne vous accompagnerai pas.

La musique de cette phrase signifiait : Je vous accompagnerai.

— Au reste, ajouta la princesse, je vois dans la galerie notre chevalier de Malte, qui vient me donner sa leçon de chant. Il est exact comme le soleil ; son arrivée sonne midi.

— Mais, princesse, vous pourriez ordonner de retard 'r d'une heure à cette horloge ambulante. Voulez-vous que je l'arrête ?

— Gardez-vous-en bien ! avez-vous perdu la raison ?

— Oui, princesse.

II

Le chevalier entra comme un fantôme de midi.

Il se nommait Gaetano Zinsky, un Grec originaire de Zante et né à Malte. Il paraissait âgé de trente-cinq ans, quoique son visage anguleux, déjà sillonné par des rides précoces, l'eût vieilli de bonne heure. La jeunesse avec toutes ses ardeurs et ses convoitises rayonnait toujours dans ses yeux d'un vert orageux, démesurément arrondis, sous la vigoureuse saillie des protubérances du front. Il portait admirablement un costume à la Van Dyck, avec ceinturon de cuir noir et longue épée. La croix de l'ordre de Malte était cousue sur son pourpoint, avec une engrêlure de pierres fines. Ses cheveux de jais, touffus, abondants et tourmentés, donnaient à sa physionomie un caractère étrange dans cette époque de transition où la vaste perruque de Louis XIV commençait à se blanchir de l'amidon de Louis XV. Les femmes regardaient et écoutaient ce personnage avec cet intérêt mystérieux qu'elles attachent toujours à l'inconnu. La princesse Sibylle recherchait sa conversation et se plaisait à lui entendre chanter des airs qu'il composait lui-même et qu'il accentuait à l'italienne avec une de ces voix viriles adoucies par la grâce, une de ces voix qui émeuvent les femmes et leur font souvent aimer le chanteur.

Gaëtano Zinsky avait été chargé par le grand-maître de son ordre, qui était Allemand comme Honspeck, d'une mission auprès des électeurs catholiques, et à son retour de Francfort il s'était arrêté à Rastadt, où les invitations de la princesse Sibylle l'avaient retenu et le retenaient encore indéfiniment.

— Chevalier Gaetano, dit la princesse, permettez-vous au comte de Lille d'assister à ma leçon de chant?

— Oui, dit Gaetano, à condition que je ne chanterai pas.

— Ah! et la raison?

— Les Français n'aiment pas la musique italienne.

— Et la musique italienne n'aime pas les Français, répliqua le comte; je vois cela... Princesse, permettez-moi de prendre congé de vous.

— Messieurs, dit la belle veuve, ceci ressemble à une brouille improvisée entre amis pour une question frivole. Vous savez que je veux voir régner la bonne harmonie dans ma maison. J'ai assez vu de guerres. Comte de Lille, je vous désigne ce fauteuil comme lieu d'exil. Je veux chanter, et il me faut un public.

— J'accepte mon exil, dit le comte; il est doux comme le velours.

— J'adore l'obéissance... chez les autres, dit princesse. Voyons, chevalier, qu'allons-nous chanter pour amuser ce public difficile?

— Choisissez le morceau, princesse, dit le chevalier d'un air sombre.

— La *Ballade de Calypso.*

— Tiens! dit le comte, on a mis Calypso en ballade?

— Et pourquoi pas? dit le chevalier.

— Au fait, je n'y vois pas d'inconvénient, répliqua le comte, cela regarde Monseigneur de Cambrai.

— Il faut donc vous apprendre ce que vous ignorez, monsieur le comte, dit la princesse : Calypso est une compatriote du chevalier.

— Oui, j'ignorais que Calypso fût Maltaise. Le *Télémaque* n'a pas traité cette question.

— C'est un fait admis par la science, dit le chevalier avec un sourire ironique à l'adresse du comte.

Une pensée traversa le cerveau de la princesse Sibylle ; celle-ci : — Il est impossible de mettre deux rivaux en présence d'une femme sans les voir se disputer.

— Accompagnez-moi, dit-elle au chevalier ; je commence.

La princesse chanta la ballade avec sa plus belle voix, et les habitués du château, conduits par le général de Bartels, entrèrent dans la galerie, et à la fin de l'air ils applaudirent avec des mains d'amoureux et de courtisans.

Cette invasion rendit la conversation générale et suspendit momentanément les hostilités.

Et comme tout ce monde heureux suivait la princesse Sibylle à la salle du festin, le chevalier de Malte s'approcha du comte et lui dit d'un air triomphant :

— Eh bien, monsieur le comte, que dites-vous de la ballade de Calypso?

— Chevalier, la princesse Sibylle est douée d'une voix admirable.

— Et la ballade?

— La ballade, dit notre Molière, dans une comédie, *est une chose fade et passée de mode.*

— Je connais cette comédie, répliqua le chevalier. Il y a même, je crois un rendez-vous donné entre les deux adversaires...

— Oui, dit le comte, d'un ton léger, un rendez-vous chez Barbin. Les adversaires étaient deux poltrons, ils ne connaissaient pas le Pré-aux-Clercs.

— Et vous, comte, dit le chevalier d'une voix sourde, connaissez-vous le grand fossé au carrefour ténébreux de la forêt de Rastadt?

— Pardieu! si je la connais, répliqua le comte, en serrant la main du chevalier; on s'y égorge avec délices, mais à l'ombre, au coucher du soleil... Allons nous mettre à table, d'abord; votre musique est une absinthe qui m'a mis en appétit. A ce soir, mon cher chevalier; à ce soir, et sans rancune, n'est-ce pas ?

Pendant le repas, le comte de Lille montra une gaieté folle; il dépensa l'esprit en prodigue et força même ses rivaux à partager l'hilarité générale. La princesse Sibylle, qui redoutait un esclandre, fut dupe de ce stratagème tout français ; elle sut un gré infini au comte de ramener la sérénité sur l'horizon au moment où le nuage de la discorde se levait. Au dessert, pour dissiper jusqu'au moindre doute, le comte fit tomber l'entretien sur la ballade, et donna des éloges sans exagération au talent musical du chevalier de Malte, et sa parole avait toute la gamme naturelle de la sincérité.

Le chevalier s'inclina, avec une modestie bien jouée, pour ne pas être inférieur en courtoisie.

La princesse donna au comte un regard où semblait luire le rayon d'un heureux avenir.

III

C'était l'époque de l'aventureuse étourderie ; nos gentilshommes de Versailles tiraient l'épée en riant, pour le motif le plus frivole ; on se rencontrait sous les arbres de Satory ; on s'abordait avec une courtoisie charmante. Un propos léger avait été tenu la veille sur une femme de la cour ; le défenseur de la beauté demandait une rétractation ; elle était refusée le plus gracieusement du monde. Aussitôt les chapeaux, tenus sous le bras, remontaient sur la tête ; on tirait l'épée ; on s'accordait le salut des armes et on s'attaquait vigoureusement. Une blessure mettait fin au combat et à la rancune. Il n'y avait presque jamais de témoins pour ces duels improvisés.

Le comte de Lille était un de ces gentilshommes chevaleresques toujours prêts à s'écrier, comme le héros du Tasse : *Que dirait-on en France si on savait que nous avons refusé notre protection à une femme !* Il aurait rompu des lances aux tournois, dans le siècle des trouvères et des cours d'amour : il rompait des épées dans le siècle des quatrains et des médisances. Depuis longtemps il recherchait, sans vouloir la provoquer, une occasion de croiser sa fine lame de Versailles avec la longue épée du chevalier, à l'occasion de certains propos malsonnants que le Maltais avait tenus sur les dames de la Favorite, et l'occasion était enfin venue. Il arriva donc avec joie au rendez-vous, mais seul et sans témoins, comme il convenait à un gentilhomme lorsque le nom d'une femme se mêlait au duel. En quittant le château il avait écrit une lettre qui ensevelissait le secret avec lui.

Le soleil allait disparaître et les arbres de la forêt de Rastadt prenaient déjà cette teinte crépusculaire qui favorise les rencontres mystérieuses. Deux hommes se montrèrent bientôt dans le taillis. Le chevalier avait choisi son valet de chambre pour témoin.

— Tiens ! dit le comte, j'ai oublié mon laquais à l'antichambre, moi ! Dites donc à ce drôle de se tenir un peu à l'écart. C'est une affaire entre gentilshommes.

Le chevalier ne répondit pas, il tira son épée, se fendit démésurément comme s'il se fût couché à plat-ventre, et mit sa main gauche à la hauteur du menton.

— Que diable faites-vous là ? dit le comte en éclatant de rire ; allez-vous rester longtemps ainsi ?

— Jusqu'à ce qu'un lâche vienne me trouver, dit le chevalier d'une voix sombre.

Le comte mit l'épée à la main et salua son adversaire ; mais il lui fut impossible d'engager une *passe* par le croisement avec un homme qui gardait la pose d'un reptile. Ce genre d'escrime était inconnu à Versailles. Il fallait donc oublier la *tierce* et la *quarte* et accepter le combat tel qu'il était offert.

Le Maltais attendait le premier mouvement du comte pour lui porter un coup de bas en haut avec l'impétuosité de la foudre. Ce qui fut fait.

Le comte, frappé à l'aine, dit avec beaucoup de sang-froid :

— Il raffine l'assassinat, ce chevalier !

Et il tomba évanoui sur le gazon.

Le chevalier remit tranquillement l'épée au fourreau et fit signe à son témoin de le suivre en lui disant :

— Il faut bien que les corbeaux vivent.

Et il prit le chemin de la Favorite en suivant les bois qui, à cette époque, couvraient toute la plaine qui sépare la forêt de Rastadt du château de la princesse Sibylle.

Le chien d'un braconnier, en vagabondant à travers taillis pour le compte de son maître, découvrit le comte blessé et poussa des hurlements plaintifs qui attirèrent le chasseur. Celui-ci, quoique vivant de maraude, fut attendri en voyant un jeune homme de très-bonne mine étendu mort sur l'herbe et tenant encore dans sa main une épée qui n'avait pu le défendre contre des assassins. En examinant avec attention la figure du comte, le braconnier s'aperçut que la vie n'était pas éteinte dans ce corps, et l'idée d'un service rendu à un homme riche se confondant avec la pitié, il se mit en devoir de donner ses soins au blessé, pour faire une bonne action qui aurait sa récompense.

La nuit était noire lorsque le comte reprit ses sens, après un évanouissement occasionné par une douleur intolérable. Il vit se mouvoir autour de lui une ombre confuse, qui n'avait rien d'humain dans les ténèbres, car même en plein jour, le braconnier, avec son costume de haillons et son étrange coiffure faite avec la dépouille d'un renard, ressemblait plus à une bête fauve qu'à un chrétien du Rhin.

— Je suis probablement arrivé aux *sombres bords* dont il est tant question là-haut, pensa le comte, et d'une voix faible, mais toujours joviale, il dit à l'ombre : Monsieur Caron, veuillez bien me faire passer le Styx ; voilà ma bourse, vous y trouverez votre obole.

Le braconnier ne comprit pas la phrase française, mais il comprit la bourse offerte, et il s'en empara en la faisant sonner.

— *Dank, dank, mein Herr,* dit-il, et il serra son trésor.

— Tiens, dit le comte en réprimant un cri de douleur ; Caron parle allemand !

Et comme il parlait très-bien la langue du pays il ajouta :

— Mon cher monsieur Caron, je meurs de soif, veuillez bien me donner un verre d'eau du Styx.

— La Murg n'est pas loin, dit le braconnier, et je vais vous remplir mon flacon.

— La Murg coule ici ! dit le comte ; la Murg, ma rivière chérie !... Voyons... expliquons-nous... jamais je n'ai vu sur terre une nuit comme celle-ci... elle est même si noire que je ne la vois pas...

— Vous êtes dans le taillis le plus touffu de la forêt de Rastadt, dit le braconnier, et vos assassins ont bien choisi l'endroit.

— Oui, les coquins savaient leur métier !

A chaque instant le comte faisait de nouveaux efforts pour se relever, mais il était trahi par la faiblesse et l'engourdissement que lui donnait sa blessure.

— Ne vous agitez pas ainsi, monsieur, lui dit le braconnier ; vous dérangerez mon appareil.

— Mais, dit le comte en élevant la voix, par Satan ! ou par Pluton ! je ne puis pas faire ma nuit dans le bois, comme un ragot dans sa bauge !

Le braconnier tressaillit de joie en entendant ces termes de haute vénerie, et s'agenouillant tout près du comte, il lui dit à voix basse :

— Parlez plus bas, monsieur ; cela vous fait mal aux poumons..... Je songe au moyen de vous tirer d'ici.

— Votre nom ? demanda le comte.

— Appelez-moi Minck ; c'est le nom de mon chien.

— Ce bon cerbère ! dit le blessé en caressant l'animal, qui s'était approché en entendant son nom.

— Un chien qui est mon gagne-pain, et que je ne vendrais pas pour tous les trésors de la Favorite.

— Je lui fais une pension de cinq cents florins sur ma cassette, dit le comte ; mais, au nom du ciel, aide-moi à me refaire vivant. Je m'ennuie d'être mort.

— Ah ! voilà le difficile ! remarqua le braconnier.

— Tu me crois donc mort ? demanda le comte, et mort incurable ?

— Oh! non pas.... mais.... c'est moi qui suis mort!.... dit le braconnier avec tristesse.

— Ah! mon ami Minck, tu n'es pas clair.

— Eh bien, reprit le braconnier, je ne peux pas me montrer à Rastadt...

— Ni moi non plus, dit le comte.

— Ni au château de la Favorite, poursuivit le braconnier.

— Ni moi non plus, ajouta le blessé.

— C'est singulier! remarqua le chasseur; vous avez donc maraudé aussi dans le voisinage?

— Oui, Minck, j'ai maraudé.

— En ce cas, mon camarade, dit le braconnier, je vous cacherai dans ma cabane de Sandweier, un vrai terrier de renard.

— Allons au terrier...

Il fit un nouvel effort pour se lever, et il retomba lourdement sans pouvoir achever la phrase.

— Voulez-vous donc ne pas bouger! cria Minck; j'ai là dans le voisinage, près d'Iffezheim, un ami... un brave homme, soyez tranquille... Je ne peux pas vous porter tout seul sur mes épaules au bois de Sandweier... il faut quatre bons bras... vous êtes lourd, comme tous les gens riches, et moi je suis maigre comme un chat de campagne... Attendez-moi une heure et gardez votre soif, l'eau fraîche est un poison pour les blessés... Puis... vous me direz votre secret, n'est-ce pas? Est-ce que vous avez l'air d'un braconnier condamné à mort comme moi? Allons donc!

— Bien, mon brave Minck... je vais te dire mon secret tout de suite, et tu le garderas?...

— J'en fais serment devant les petites étoiles du bon Dieu. On est bon chrétien, quoique braconnier.

— Ecoute, Minck, je me suis battu pour une femme... une noble femme... Si mon duel est connu, cette femme est déshonorée... les mauvaises langues diront que je suis son amant... ce qui est faux, pardieu!... Si je meurs, enterre-moi avec mes habits, à six pieds sous terre, et tu feras le signe de la croix sur ma fosse... voilà tout. Tu iras ensuite vendre ma montre et mes diamants à la rue des Juifs, à Francfort, et tu donneras ce que tu voudras à ton ami d'Iffezheim, en gardant un secret éternel sur ce que tu auras vu, entendu et fait.

— Vous ne mourrez pas! vous ne méritez pas de mourir, dit le braconnier ému ; tenez, c'est trop beau ce que vous faites-là... Je devine que vous vous êtes battu pour la belle princesse...

— Tais-toi... interrompit le comte.

— Ah ! c'est une princesse qui fait bien parler d'elle ! reprit le braconnier.

— Comment ! dit le comte, on parle de la princesse dans ce désert de loups !

— Je crois bien, monsieur ; j'ai des amis qui fréquentent les domestiques du château de Rastadt et qui vont vendre en contrebande du gibier à la Favorite, parce que la princesse est très-gourmande...

— Après ? interrompit le comte.

— Après... voici... Eh bien, monsieur, on dit que la princesse est une femme qui a toute sorte de vertus, mais qu'elle a autant d'amants que de vertus

Le comte se souleva et mit la main sur la garde de son épée en poussant un cri sourd.

— Les domestiques, reprit le braconnier, disent ce qu'ils entendent dire aux maîtres. A la campagne on répète ce qu'on dit en ville, et dans le bois on augmente ce que dit la campagne, parce que les veillées sont plus longues le soir.

— Oui, murmura le comte en se parlant à lui-même, oui, c'est bien cela... Pauvre princesse !... à force de la calomnier on la rendra coupable... La veuve Artémise seule a échappé à la calomnie en avalant tous les matins une cuillerée des cendres de son époux... mais ce déjeuner n'est pas du goût de toutes les veuves... et je jurerais qu'après la consommation des cendres, tous les courtisans du roi Mausole ont donné vingt amants à sa veuve si elle a déjeuné avec des œufs frais... Ma foi, ce monde m'ennuie. Je vois qu'il est très-facile de mourir... Essayons une seconde fois.

Il se roidit sur l'herbe de toute sa longueur et croisa les mains sur sa poitrine comme s'il allait rendre le dernier soupir.

Pendant le monologue le braconnier avait disparu.

Au bout d'une heure il revint avec son ami d'Iffezheim et poussa un cri de douleur qui tira le comte de sa somnolence.

— Ah ! quelle peur vous m'avez donnée ! dit-il ; voilà mon camarade ; nous sommes à vos ordres.

— Bonne nuit, mon ami, dit le comte à l'autre braconnier.

— C'est à vous qu'il faut souhaiter bonne nuit, monsieur le comte... Monsieur le comte !

— Bon ! dit le blessé, en voilà un qui me connaît dans les ténèbres.

— J'ai des yeux et des oreilles de chat, reprit l'autre ; j'y vois et j'entends clair dans la nuit. Vous êtes monsieur le comte de Lille... le...

— Voyons, continue... va toujours, dit le jeune homme.

— Le bon ami de la princesse... et...

— Et qu'entends-tu par bon ami?

— Ah!... le... Moi... un paysan... je ne puis pas trouver le mot juste... mais je sais que ça flatte monsieur le comte, et...

— Assez... Ecoute... dis-moi ton nom.

— Conrad.

— Conrad, tu me parais un homme vigoureux?

— Oh! oui, monseigneur; dans notre état il faut avoir de bons bras et de bons poings.

— Tant mieux!... écoute... Quand tu entendras dire que le comte de Lille est l'amant de la princesse, tu donneras un soufflet avec ton poing au menteur, et je te donnerai, moi, un frédéric d'or par soufflet.

— Ah! monsieur le comte, dit Conrad, si nous avions fait cet accord il y a deux ans, je serais riche aujourd'hui.

Le comte fut saisi d'un frisson convulsif qui contracta ses lèvres et supprima la parole. Minck venait d'achever une espèce de brancard dont la dureté était adoucie par un amas de feuilles. On étendit avec précaution le comte de Lille sur ce lit, et les porteurs, conduits par le chien, prirent le chemin de la forêt de Sandweier et de la cabane du braconnier. Le trajet était long.

IV

Pendant que ces choses se passaient dans la forêt de Rastadt, l'émotion était grande au château de la Favorite.

Tous les convives étaient rassemblés devant la façade du château, celle dont la porte introduit à la salle des festins. Huit heures sonnaient à l'horloge de l'autre façade; la nuit couvrait le parc de ses premières brumes d'automne, et le comte de Lille, toujours si exact à la minute des repas, se faisait attendre pour la première fois. La princesse témoignait fort peu d'inquiétude; elle exagérait même son insouciance, au point qu'elle laissait soupçonner un sentiment contraire à l'œil exercé de ses prétendants. Le chevalier Gaetano, assis sur une marche du perron, parlait au général de Bartels avec une tranquillité fort naturelle et ne parut pas remarquer la princesse qui s'avançait de son côté, de l'air d'une femme qui va faire une question.

— Général, dit-elle, le quart d'heure d'expectative est expiré. Le comte de Lille s'est endormi probablement à son insu dans sa chambre ; puis-je vous prier de monter chez lui et de le réveiller poliment ?

— Très-honoré d'être votre aide de camp, princesse, dit le général.

Et il monta aux appartements.

— Princesse, dit le chevalier avec une aisance parfaite, j'ai eu la même idée ; je connais les Français ; lorsqu'ils n'ont pas l'occasion de parler ils dorment, à la campagne.

— Chevalier, dit la princesse en riant, vous êtes un ingrat ; le comte a fait votre éloge ce matin en excellents termes, et vous lui décochez une épigramme. C'est mal.

— Princesse, reprit le chevalier, le comte de Lille est mon ami et nous sommes dans les meilleurs termes lorsqu'il n'y a que des hommes autour de nous ; mais quand une femme entre, princesse, grande dame ou bourgeoise, le comte abuse de son esprit et veut briller tout de suite à nos dépens. C'est là le défaut national de tous les Français. En temps de guerre ils voudraient vaincre tous les hommes ; en temps de paix ils voudraient conquérir toutes les femmes. Puis il leur arrive d'être vaincus à Hœstett, à Ramillies, à Malplaquet, par les hommes, et à Rastadt, à Bade, à la Favorite, par les femmes. Au reste, je rends pleine justice aux qualités du jeune comte. Il mérite d'être heureux en amour.

L'arrivée du général de Bartels brisa cet entretien ; il remit une lettre à la princesse Sibylle, en disant :

— J'ai trouvé cette lettre sur la table du comte ; elle est adressée à Votre Altesse.

La princesse prit la lettre avec une nonchalance bien jouée, en disant :

— Le comte m'écrit au lieu de me parler... Quel original !

Et elle lut d'un air indifférent cette lettre :

« Princesse,

» Partir sans prendre congé de vous, c'est commettre une faute qui ne mérite aucun pardon.

» Il fallait faire un choix impossible. Votre gracieuse hospitalité me retenait ici ; mon jeune roi m'appelait à Versailles en m'ordonnant *de ne pas perdre une minute dans un adieu.* Entre la désobéissance et l'impolitesse j'ai choisi l'impossible : c'est ce que je pouvais faire de plus mal et de mieux.

» On me dit que ma présence est nécessaire dans les conseils du roi, parce que je connais l'Allemagne et l'allemand. Méditerait-on à Versailles une rupture du traité de 1714 ? je le crains, et ce qui me console un peu, c'est de croire que ma parole étouffera dans son germe le stupide projet d'une troisième campagne palatine. Une minute est précieuse souvent, et je ne veux pas la perdre. Le hasard se sert d'une minute pour bouleverser un siècle. J'ai conscience de ma responsabilité.

» Je cours à Rastadt, où je trouverai ce qu'il me faut pour me rendre à Kehl.

» De près ou de loin, toujours aux pieds de Votre Altesse.

» Le comte de LILLE. »

Les convives se tenaient à l'écart et ils attendaient en silence la première parole de la princesse.

Elle plia négligemment la lettre, la serra dans son corsage et dit :

— M. le comte de Lille est absent pour le service du roi. — Votre bras, général de Bartels. — Veuillez bien nous suivre, messieurs.

La salle du festin était resplendissante de lumière ; les nappes d'eau tombaient avec un bruit charmant dans les vasques des quatre fontaines et l'orchestre aérien jouait une symphonie douce d'un maître inconnu, *le Messie* de Beethoven.

Trente convives prirent place. Les plus illustres étaient le colonel de Neuhof, le baron et la baronne de Bade, le colonel Hauptmann de Berlin, le baron de Saint-André, le comte Bielky, le comte et la comtesse de Griesheim, le gouverneur (obervogt) de Vassold, le comte et la comtesse Carl Ludwig zu Leiningen, Hartenburg, le général de Rhod et le prince Hermann de Waldeck.

Une place était vacante à la gauche de la princesse Sibylle, et le chevalier de Malte vint s'y asseoir.

Cette place était destinée au comte de Lille. Parmi les verres de toute dimension qui se groupaient devant le couvert, il y en avait un destiné par sa forme aux vins de France ; c'est une des curiosités du château de la Favorite : on peut le voir encore aujourd'hui dans l'admirable collection de l'office ; il est très-bien conservé.

La princesse, qui a donné elle-même toutes les indications pour illustrer ses coupes merveilleuses, a fait graver sur ce verre-mousseline un Amour assis au bord de la mer et tenant d'une main une fleur et de l'autre un poisson, avec cette inscription en français : *Il a pouvoir sur terre et sur mer.*

Il y avait une intention évidente dans la pensée de la princesse, qui avait elle-même exposé ce verre à la place que devait occuper le comte de Lille ; et l'intention se trahissait encore davantage à l'œil d'un observateur comme le chevalier Gaetano, lorsqu'il arrêtait le regard sur la coupe magnifique qui paraissait pour la première fois devant la princesse : on peut l'admirer encore aussi dans la collection du château de la Favorite. C'est un chef-d'œuvre de verrerie bohémienne. Les inscriptions sont en latin, langue qui était familière à la princesse. Elle prouve d'abord que la margravine tenait entre ses mains l'autorité souveraine après la mort de son mari : *Francisca, Sibylla, Augusta, gubernatrix.* Une autre inscription rappelle la paix de Rastadt conclue en 1714 entre l'Allemagne et la France. *Pax Rastadii in arce composita est.* Une colombe déploie ses ailes au-dessus du château de la princesse, et on lit au bas : *Nidum pacis hic instruo ; je construis ici le nid de la paix.* Enfin, il y a ce verset de la Bible : *Dabo pacem in finibus vestris ; je donnerai la paix sur vos frontières.*

La princesse Sibylle s'était complue dans son idée ; elle continuait avec ces coupes symboliques le dangereux entretien du matin, et répondait, sans rien dire, à une déclaration d'amour, si claire dans sa timidité nébuleuse. L'allusion à la paix de Rastadt gravée sur le cristal était adroite et ressemblait à un encouragement provocateur donné au comte de Lille, premier artisan de cette paix.

Ce plan, qu'elle trouvait si beau, venait d'être

renversé par la plus mystérieuse des lettres. Au serment de son cœur la comtesse avait compris que l'amour y avait fait brèche, et que cet amour n'aurait pas de lendemain. Ce départ si précipité ne laissait aucun espoir de retour. Rien, dans toutes les phrases de cette lettre, n'annonçait une décision ni une promesse pour l'avenir. Ce drame de passion finissait au prologue. Il fallait renoncer à tant de doux rêves à peine éclos sous les beaux arbres du parc et dans les rayons de ce soleil qui venait de s'éteindre sur un abandon. La réflexion n'amenait aucune pensée consolante. Le comte était impérieusement rappelé à Versailles, non par l'ordre du jeune roi, mais par une de ces belles et nobles dames qui éblouissaient la cour de leur esprit et de leur beauté. Ce jeune seigneur, doué de tant de charmes, était sans doute l'idole d'un monde d'élite, et sa place était marquée dans ces galeries splendides où Louis XIV divinisa la galanterie et l'amour.

La princesse s'arrêta donc à cette dernière conjecture, qui lui parut très-naturelle, quoique désolante; mais les ressources de son esprit et sa fierté lui servirent merveilleusement dans cette heure cruelle, au milieu de tant de convives qu'il fallait tromper par le son de la parole, la sérénité du regard, le calme de l'attitude. Elle fut, à ce festin de désespoir, ce qu'elle était toujours : la femme royale, charmante pour tous, et n'humiliant personne par l'étourderie d'une préférence. Chacun eut une part égale aux gracieuses attentions de la maîtresse, comme au service de son festin.

Le prince Hermann de Waldeck n'avait pris aucun intérêt aux entretiens de la table, et il donnait obstinément à la princesse Sibylle ces regards furtifs que les femmes surprennent au passage et qu'elles n'ont pas l'air de remarquer. C'était un jeune homme de grande naissance, car on faisait remonter son origine à l'Arminius des Romains. Les propos de cour prétendaient qu'il aspirait à l'honneur d'une alliance avec les margraves de Bade, et les habitués de la Favorite voyaient dans ce jeune prince le plus dangereux des rivaux. Ce serait faire injure à la mémoire de la princesse si on admettait que, connaissant les assiduités d'amour et la loyale ambition d'Hermann de Waldeck, elle avait, ce soir-là même, entrevu, dans une nouvelle intrigue, une prompte consolation à son désespoir; les choses ne s'arrangent pas ainsi à la minute, dans le cœur des femmes. A ce festin encore, le jeune prince perdit ses avances et ses regards les plus tendres. L'esprit de la belle margravine était à Versailles. Elle attendait avec impatience le moment de la retraite, mais elle ne l'avança pas et garda son calme et ses sourires. A minuit, quand elle se trouva seule dans cette chambre dont les amours de Cythère égayaient le plafond, elle se donna la volupté des larmes, et la princesse devint la femme vulgaire qui veut faire connaissance avec l'intrigue galante et ne rencontre que le désespoir.

Si la princesse Sibylle ne s'accusait pas elle-même dans une confession devenue publique, comme nous le prouverons bientôt, jamais nous n'aurions osé nous faire l'écho de quelques-unes des médisances légendaires attachées à sa mémoire; mais c'est sa voix sortant de la tombe qui nous autorise à révéler ce qui fut, pour rendre au néant ce qui n'a pas été.

Deux mois s'écoulèrent et aucune lettre n'arriva de Versailles ou d'un autre endroit.

L'hiver était venu; les habitués de la Favorite furent invités aux fêtes du printemps prochain, et la princesse rentra au château de Rastadt avec le prince Hermann de Waldeck...

Que celui de vous qui est sans péché lui jette la premierre pierre ! C'est ce que dit l'Évangile.

V

Jamais la vie de château ne s'était annoncée si belle.

L'hiver adoucissait ses rigueurs au premier sourire du soleil de mars ; les jeunes feuilles bourgeonnaient aux arbres, les premiers boutons perçaient les tiges des jardins ; toutes les magnificences du printemps badois allaient éclore sur les montagnes et dans les vallons.

La princesse Sibylle était assise dans ce salon étroit du château de Rastadt où furent signés, sur une petite table, à l'embrasure d'une croisée, les traités de Villars et de Bonaparte. Une jeune et belle femme était debout à côté de la princesse et paraissait toute fiévreuse d'agitation après un entretien fort animé.

La princesse regardait la campagne et les larmes roulaient en perles sur ses joues.

— C'est donc bien arrêté, chère cousine, dit Odilla, vous ne voulez pas recevoir le révérend Petrus, mon directeur de conscience?

— Non, dit la princesse d'un ton sec.

— Il veut vous faire une simple visite.

— Je ne le recevrai pas.

— Vous, chère cousine, qui recevez tout le monde?

— Le monde qui me plaît.

— Et auquel vous plaisez, par malheur...

— Mais, Odilla, vous allez donc recommencer?

— C'est que, ma chère cousine, le bon moment est venu pour vous. Dieu n'a pas permis que le scandale continuât devant la chapelle de Saint-Bernard. On a fait une question d'Etat de votre intrigue avec le prince de Waldeck. Cet homme de perdition a quitté Rastadt; il est, dit-on, gardé à vue dans son château de Pyrmont, et vous ne le verrez plus, grâce à Dieu.

— Eh bien, je sais aussi tout cela, dit la princesse, il était inutile de vouloir me l'apprendre. Je suis heureuse de savoir que le prince de Waldeck ne m'a pas quittée volontairement. Il a cédé à une volonté souveraine.

— C'est la Providence, reprit Odilla, qui vous a fait cette grâce. Ne vous révoltez pas contre elle. Réconciliez-vous avec Dieu ; ne donnez pas aux fidèles le spectacle de l'impénitence en temps pascal. Songez à ce verset de l'Évangile : *Malheur à celui par qui le scandale vient !...* Vous êtes émue, chère cousine ; la grâce d'en haut vous touche, vos yeux se tournent vers le ciel... Que faut-il répondre au révérend père qui m'attend dans l'oratoire ?

La princesse fit un très-vif mouvement d'impatience et dit :

— Le révérend Petrus est un saint homme que j'estime et que je verrais avec plaisir si j'étais à l'article de la mort. Vous êtes heureuse, vous, Odilla, de n'avoir de la tendresse que pour Dieu et de lui sacrifier vos jeunes ans et votre beauté. Prenez pitié des faibles et ne les fatiguez pas de vos conseils inopportuns. Odilla, j'ai besoin d'être seule ; vous voyez que je suis polie avec vous.

— Oui, vous me chassez avec douceur, comme une reine bien élevée. L'esprit de ténèbres est encore avec vous, mais...

— Odilla ! interrompit sèchement la princesse,

pas un conseil de plus, vous le perdriez comme les autres.

La jeune femme joignit les mains, regarda le plafond et sortit.

Ces petites scènes d'intérieur s'étaient plusieurs fois renouvelées dans les dernières soirées de l'hiver, et nous nous bornons à rapporter la plus décisive; elle donnera une idée des autres et restera comme une des plus importantes pièces de ce procès.

Retombée dans son isolement après le départ du prince de Waldeck, et sans cesse exposée aux sévères admonestations d'Odilla et aux visites du révérend Petrus, jésuite renommé par son éloquence religieuse et le charme mondain de sa conversation, la princesse Sibylle quitta brusquement le château de Rastadt et vint s'installer à la Favorite, où elle trouva le chevalier Gaetano et le général de Bartels, les premiers exacts au rendez-vous du printemps.

Le chevalier de Gaetano arrivait de Cassel, disait-il, où il avait passé tout l'hiver; ce qui n'était pas exact, car il venait de consacrer deux mois d'intrigues diplomatiques au château de Pyrmont pour enlever le prince de Waldeck aux jardins d'Armide, manœuvre si bien ourdie par le Grec ionien, qu'elle avait échappé même aux soupçons de la princesse Sibylle.

Le maître de musique reçut donc le meilleur accueil à la Favorite, dont il devenait, grâce à son talent, un des habitués les plus indispensables. L'intrigue amoureuse du prince de Waldeck prouvait que la princesse était accessible à la séduction comme la plus faible des femmes, et l'espoir entra au cœur du chevalier.

La fascination que cet homme exerçait sur la princesse Sibylle prenait tous les jours un nouvel empire; il n'avait pas le charme sérieux et la passion vraie du prince de Waldeck; il ne brillait pas, comme le comte de Lille, par la grâce et l'esprit, mais il était artiste à un degré suprême, et sa voix possédait cette onction pénétrante qui, dans la parole ou le chant, ravissait l'oreille et donnait l'émotion au cœur. Son amour, voilé de mystère, avait ce caractère de timidité respectueuse qui plaît aux femmes et ne leur laisse rien soupçonner de dangereux, en faisant prévoir une longue intrigue amusante avec dénouement indéterminé.

Aussi la princesse ne redoutait jamais un tête-à-tête avec le chevalier Gaetano; il lui suffisait d'un regard pour ramener au respect une parole qui commençait à s'égarer.

Un soir, la princesse et le chevalier se promenaient, dans une petite gondole, sur la pièce d'eau du parc. La cime des grands arbres était encore dorée par les rayons du soleil couchant, mais la nuit semblait descendue aux pieds des chênes, voilés, à cette époque, par un épais rideau de peupliers.

Le chevalier tenait les rames et fredonnait une cantilène maltaise qui était accompagnée par le chant des oiseaux.

La princesse écoutait dans l'extase, et ses douleurs trouvaient un adoucissement dans ce concert de mélodies, au milieu du calme de cette soirée qu'embaumait le parfum des premières fleurs.

Tout à coup le chevalier poussa un cri sourd et laissa tomber les rames; son teint basané se couvrit d'une pâleur cadavéreuse, et ses yeux, démesurément ouverts, se fixèrent sur une apparition qui se détachait en relief, aux bords de l'étang du parc, dans le crépuscule des arbres. Un mouvement de terreur convulsive accompagna le cri, et la princesse, arrachée subitement à son extase, se leva et fit osciller la gondole.

L'apparition était un charmant jeune homme qui salua gracieusement et dit :

— Princesse, excusez-moi, je vous prie, je n'ai trouvé personne pour me faire annoncer.

La princesse retint son cri de surprise; elle avait reconnu le comte de Lille, et sa main eut à peine la force de rendre le salut.

Cependant, l'inexplicable terreur du chevalier Gaëtano avait été remarquée; l'étonnement causé par une visite inattendue ne donne pas une teinte livide au visage et le frisson au cœur; mais l'énergique femme, qui avait su retenir un cri de joie, se maîtrisa encore pour ajourner l'explication.

— Abordez donc, chevalier, dit-elle en riant; il faut que je fasse les honneurs de ma maison au nouvel arrivant... Vous n'avez donc pas reconnu votre ami, le comte de Lille?

— Ah! dit le chevalier, en s'efforçant de rire aussi; c'est... notre... Oui... je l'ai reconnu... à présent...

— Mais, interrompit la princesse, vous faites fausse manœuvre avec vos rames... ne vous servez que de la droite... vous vous éloignez au lieu d'aborder... Un marin de Malte!... une île qui a cinq ports!... il va m'égarer dans un verre d'eau!... Enfin! il a retrouvé la boussole!

La princesse s'élança légèrement sur les hauts gazons de la rive, en refusant de se servir de la main que le comte lui présentait. La rancune était mise en action, mais elle expira bientôt.

— Princesse, dit le comte sur le ton le plus respectueux, j'arrive de bien loin pour vous offrir cette main.

— Vous êtes excusable si vous arrivez du bout du monde, dit la princesse.

— Oh! de bien plus loin!... Daignez au moins accepter mon bras?

Le chevalier de Malte entrait en scène malgré lui.

— Et ce cher chevalier, ajouta le comte, en lui tendant la main libre, ce cher ami, comment se porte-t-il?... Très-bien... allons, tant mieux! Je craignais pour vous, chevalier, le climat du Nord... Princesse, vous avez créé le printemps dans votre palatinat; c'est miraculeux! Flore ne fait pas mieux dans le pays du soleil. Des roses partout! A pareil jour, à Versailles, le printemps est représenté par une statue de marbre qui tient des fleurs de marbre, tout est glacé aux environs.

Le chevalier se rassurait peu à peu en se voyant si bien accueilli par le comte. L'ennemi du carrefour de Rastadt ne paraissait plus à craindre ; il ne restait plus que le rival.

La princesse écoutait, observait et ne trouvait que mystère dans le jeu forcément naturel du comte et l'attitude embarrassée du chevalier.

Nos trois personnages montèrent l'escalier du perron, traversèrent la galerie supérieure de la salle à manger et s'arrêtèrent dans le petit salon du jeu, tout illustré des adorables fantaisies de la princesse et très-bien éclairé par un lustre dont les lumières se reflétaient dans de petites glaces de Venise.

Le comte s'assit, à l'invitation de la princesse, et le chevalier crut devoir se retirer, car la main qui venait de faire le signe ne lui désignait aucun fauteuil.

— Monsieur le comte, dit la princesse, vous êtes prêt à toutes les explications ?

— A toutes, madame.

— D'abord, de quel endroit plus éloigné que la fin du monde, venez-vous ?

— Du tombeau.

— En effet, dit la princesse émue, je vous trouve

bien changé... Vous paraissez avoir la faiblesse et la pâleur du convalescent.

— Oh! madame, vous flattez mon teint, dit le comte en riant; qu'auriez-vous dit si vous m'aviez vu le mois dernier? J'étais une illusion et en me regardant au miroir je ne voyais que mes habits, le corps avait disparu.

— Et quelle a été votre maladie? demanda la princesse avec une voix pleine d'affection.

— Une maladie que les médecins ont inventée à Versailles pour donner un peu d'occupation aux gentilshommes en temps de paix. Elle a deux noms grecs...

— Qui sont?

— *Céphalo-pyre*. C'est une inflammation de la tête. Elle fait perdre la raison quand on ne l'a pas laissée ailleurs.

— Monsieur le comte...

— Princesse.

— Vous me cachez un secret; je suis Sibylle, et je devine cela dans vos yeux.

— Oui, j'ai un secret, belle princesse, un seul, et vous le connaissez; votre trépied sibyllin est inutile;

la femme la moins devineresse devine ce secret sans consulter le grand Albert.

— Oh ! monsieur le comte, point de détours, il ne s'agit pas de cela... il y a un mystère entre vous et le chevalier... je veux tout savoir... Vous bégayez pour la première fois de votre vie... Comte de Lille, obéissez !...

— Madame, balbutia le comte ému, croyez bien... que... non... demandez-moi ma vie...

— Je vous demande votre secret... Vous vous troublez !...

— Je vous aime, princesse, et...

— Eh bien, si vous m'aimez, prouvez-le-moi... Voulez-vous qu'après avoir ordonné en reine, je descende à la prière en femme ?.. Comte, je vous conjure de parler.

La princesse prononça ces dernières paroles avec une mélodie d'organe irrésistible ; sa belle main prit la main du comte, et sa tête, en se rapprochant de lui, le caressa doucement avec les tresses flottantes de ses longs cheveux. Un frisson de joie fit tressaillir le jeune homme ; il s'enivra en respirant l'haleine embaumée qui courait sur son visage, et perdit la raison et le souvenir devant un sourire divin qui rayonnait pour lui.

Il fit le signe qui veut dire : Je vais parler.

Un second sourire le remercia et le serment fut violé.

Le comte parla. Rien ne fut oublié, car chaque détail était récompensé par un serrement de main qui ressemblait à une caresse, et il termina ainsi :

— Aucun médecin ne m'a soigné : Dieu m'a guéri. Un hiver rigoureux et le grabat d'une cabane ont prolongé ma convalescence jusqu'au premier soleil de printemps. Quand il m'a été possible de venir, je suis venu ; et maintenant, madame, je vous fais à mon tour une prière, et je vous la fais à genoux : au nom du ciel et de mon honneur, que le chevalier ne connaisse jamais la violation de mon serment ; ce n'est pas un second duel que je crains, c'est...

— Ne craignez rien, interrompit la princesse avec une voix d'une douceur ineffable ; vous avez été héroïque et je ne vous fournirai pas une seconde fois l'occasion de vous faire tuer pour moi par cet assassin. Le chevalier ne saura rien, ne soupçonnera rien. Nous vivrons tous ensemble comme nous avons vécu jusqu'à présent... Descendez, allez le rejoindre...

nous nous reverrons au souper... Cher comte .. vous me quittez bien froidement...

Le comte saisit une main offerte, la porta à ses lèvres et la couvrit de baisers.

L'esprit, l'adresse et la sagacité du comte et de la princesse devaient indubitablement mettre en défaut la pénétration soupçonneuse du chevalier. Leur rôle fut bien joué ; rien au dehors ne transpira de ce dernier entretien.

VI

Les habitués de la Favorite étaient revenus avec les hirondelles, mais au commencement de l'été leur nombre s'éclaircit ; les femmes avaient disparu sans prendre congé, il ne resta plus que deux parasites, trois amoureux obstinés et le chevalier de Malte. Celui-ci aurait inventé l'espoir si cette consolation désolante n'était pas née avec Adam.

Cependant la princesse avait donné aux apparences tout ce qu'une femme adroite peut leur donner pour moraliser une situation équivoque. De son côté, le comte de Lille n'abusait jamais des avantages que lui procurait une intimité secrète, pour afficher en public les airs fanfarons d'un homme heureux : il se montrait tel qu'on l'avait vu à d'autres époques, lorsqu'il était l'égal de ses infortunés rivaux.

Le 23 juin, veille de la fête de Saint-Jean, Odilla vint faire sa visite hebdomadaire au château de la Favorite.

La nuit était splendide ; les constellations brillaient de tout leur éclat, comme sous le ciel du midi. Le comte et la princesse étaient assis sous un chêne, à peu de distance du perron, et prolongeaient un de ces entretiens charmants qui divinisent la parole humaine, lorsque les frivolités inspirées par le joyeux éclat du jour n'osent plus sortir des lèvres en présence de ce formidable infini que les étoiles proclament dans le ciel.

L'amour, qui se mêle à tout, donnait à cette conversation un caractère ineffable ; il était l'âme de ce paysage étoilé, de cette magnifique création.

Un bruit de pas se fit entendre sur le petit chemin

qui conduit à l'étang ; une robe blanche se dessina dans l'ombre des arbres et Odilla tomba comme un fantôme devant le comte et la princesse.

Aussitôt le comte se leva, salua la jeune femme et sans paraître contrarié il dit :

— Princesse, votre cousine vient de Rastadt et elle a peu de temps à passer avec vous.

Et il prit le chemin du perron en fredonnant un air de Rameau.

La princesse tendit la main à Odilla, qui croisa ses bras sur sa poitrine comme si elle eût craint de toucher un reptile venimeux.

— Nous sommes donc toujours en délicatesse ? dit la princesse en riant.

— Oui, répondit la jeune femme ; tant que vous serez sous le pouvoir de l'esprit malin.

— Oh ! mademoiselle ! ceci menace de devenir éternel !

— Comme l'enfer, princesse. Oui, je cesserai de venir au secours de votre âme quand Dieu m'ôtera le souffle de la vie. Le scandale s'est agrandi. Tout Rastadt parle de vos intrigues amoureuses. On vous compare à une impératrice romaine qui a laissé un nom infâme...

— Taisez-vous, Odilla, interrompit la princesse ; au lieu de venir ici comme un écho vivant des calomnies, allez à Rastadt imposer silence aux calomniateurs.

— Princesse, reprit Odilla avec feu, il vous sera bien plus facile à vous de les confondre ; oui, j'irai à Rastadt ; accompagnez-moi. Fermez les portes de ce château de perdition. Chassez tous ces hommes qui sont des émissaires de Satan et remplissez vos devoirs de veuve chrétienne au milieu des saintes femmes qui ne cessent de prier pour vous.

— Odilla, dit la princesse d'une voix résolue, je suis veuve, je suis libre, je ne trompe personne...

— Vous trompez Dieu ! interrompit Odilla.

— Ah ! laissez-moi vivre à ma guise et honorez-moi de votre absence.

La cloche du château sonna le souper.

Odilla mit la main sur ses yeux comme pour retenir ses larmes et s'éloigna rapidement.

Quand elle fut seule, la princesse frappa la terre du pied et dit avec un accent énergique :

— Oh ! qui me délivrera de cette femme !

Cette parole, arrachée à la colère du moment, fut recueillie par un homme qui s'était blotti dans les hautes herbes, comme un reptile qu'il était.

La princesse atteignit Odilla sous la voûte du perron et lui dit :

— Vous qui redoutez tant le scandale, je vous ordonne de n'éveiller aucun soupçon par votre silence farouche ou votre attitude désolée.

— Je vais monter aux appartements, dit Odilla, et demain à l'aube je partirai pour Rastadt.

— Non pas, reprit la princesse; vous souperez avec nous et vous serez convenable devant mes convives : ceci est un ordre, mademoiselle, un ordre de reine !

Les convives étaient peu nombreux; la vaste salle à manger ne retentissait plus des symphonies de son orchestre aérien et du murmure de ses quatre fontaines. Une gerbe de bougies éclairait la table et laissait la voûte et les angles de la salle dans une ombre sinistre.

Le chevalier était en retard; il s'excusa en disant qu'il voulait achever avant le souper la musique de l'hymne *Sancte Joannes*, parce que saint Jean est le patron de Malte et de ses chevaliers.

Odilla fit un signe approbatif; le Maltais s'assit à côté d'elle en lui disant :

— Vous saviez donc cela, mademoiselle ?

— Oui, répondit Odilla; le révérend Petrus a eu

l'honneur d'exercer le vicariat à l'église métropolitaine de Saint-Jean, où sont les tombeaux du grand-maître de l'ordre.

Ce début mit leur entretien sur des sujets pieux. Il n'y avait que huit convives. Le général de Bartels demanda des nouvelles de Versailles au comte de Lille, qui raconta son prétendu voyage avec son charmant esprit d'invention. Jamais le mensonge n'avait été si gracieux.

A minuit les convives se séparèrent en promettant au chevalier d'aller le lendemain à Rastadt pour lui entendre chanter son hymne de *Sancte Joannes,* à la chapelle de Saint-Bernard.

Le comte de Lille avait élevé Minck, le braconnier, à la dignité de valet de chambre et l'avait revêtu de la livrée de sa maison. Tous les soirs, Minck faisait son rapport à son maître, et comme il avait dans les yeux la vive pénétration de son emploi de braconnier, il employait cette faculté de surveillance active dans son nouveau rôle de valet de chambre.

— Eh bien, Minck, dit le comte en ôtant son épée, qu'y a-t-il de nouveau ?

— On a donné au chevalier de Malte la chambre du sorcier, répondit Minck en déshabillant son maître.

— La chambre du sorcier! reprit le comte.

— Ah! vous ne connaissez pas cette chambre! c'est un grand secret... Vous savez que je suis assez bien avec Bertha... la première femme de chambre de la princesse...

— Drôle! fit le comte... allons, poursuis.

— C'est elle qui m'a confié ce secret en me faisant jurer de le garder.

— Alors il faut le dire, reprit le comte avec un soupir.

— C'est juste, monsieur le comte : à quoi servirait d'avoir un secret s'il fallait le garder toujours?

— Minck, c'est raisonner comme un maître ; tu feras ton chemin.

— Donc, monsieur le comte, vous saurez que cet hiver la princesse a eu l'idée de faire venir de Nuremberg un artiste qui travaille la mécanique dans la perfection ; c'est le premier horloger de l'Allemagne. Il a cloué sur les deux murs de cette chambre de grands oiseaux peints qui ressemblent à des ornements de tapisserie et, au moyen d'un ressort extérieur, tous ces oiseaux agitent les ailes, allongent le cou, remuent la tête, ouvrent le bec et poussent des cris aigus... Comment trouvez-vous cette invention, monsieur le comte?

— Cette adorable princesse a la tête pleine de fantaisies charmantes !... Continue.

— Vous savez aussi, comme tout le monde, monsieur le comte, que le prince de Waldeck a été le... le... comment dirai-je ?

— Ne dis pas.

— Soit, j'aime mieux... Ce prince est très-brave, mais il a peur des revenants, comme moi, qui ne suis pas poltron, vous savez. La princesse voulait donc s'amuser de la frayeur de son... du prince... mais elle en a été pour ses frais de mécanique, le prince est parti... Je crois que Bertha, en donnant ce soir cette chambre au chevalier de Malte, veut s'amuser de lui, car enfin il faut bien que tous ces oiseaux qui ont coûté si cher travaillent pour quelqu'un... Je crois que nous allons bien rire cette nuit[1]...

— Gardez-vous bien de faire cet enfantillage cette nuit ! interrompit vivement le comte... Tu as de l'influence sur Bertha ?

[1] Cette chambre de la Favorite est fort curieuse; elle est encore ornée de son attirail de sorcellerie, mais les ressorts sont brisés.

— Beaucoup, monsieur le comte.

— Maraud!.. eh bien, ordonne-lui de ne pas toucher à sa mécanique de sorcier...

— J'y cours, monsieur le comte... Ah! encore une chose que j'oubliais... La chambre que Bertha a donnée ce soir au chevalier a trois portes. Comme je ne veux pas perdre de vue cet homme par plusieurs raisons... d'abord je le soupçonne, tout chevalier qu'il est, de faire la cour à Bertha.

— Vraiment!

— Il lui parle à tous les coins du château; il est vrai que Bertha se moque de lui, à telles enseignes qu'elle voulait l'épouvanter avec les oiseaux de Nuremberg, parce qu'elle sait que le chevalier, qui est fort mauvais chrétien le jour, a peur des revenants la nuit et fait des signes de croix.

— Ce diable de Minck sait déjà tout, remarqua le comte.

— Tout à l'heure, reprit Minck, avant le souper j'ai voulu savoir ce que faisait le chevalier dans sa chambre et je l'observais par un trou que je me suis ménagé sur la troisième porte qui s'ouvre de ce côté-ci..

— Eh bien, voyons, que faisait-il? dit le comte.

— Ma foi, je n'en sais rien, mais c'est bien suspect ce qu'il faisait. Il débouchait de petits flacons, il mettait quelque chose dans une fiole ; il ressemblait à un sorcier qui travaille à la cuisine du diable. Puis il a ramassé tout son attirail de magie noire et il est descendu au parc. Je l'ai suivi de l'œil dans la direction de l'étang. Une minute après il a reparu, mais il ne tenait plus rien dans ses mains, et il est entré en chantant à la salle à manger.

— En effet, dit le comte d'un air soucieux, tout cela est suspect.

— Je vous l'affirme, monsieur le comte... Maintenant, vous n'avez plus besoin de moi?

— Non .. tu peux te retirer.

Deux heures sonnaient à l'horloge du château, et l'aube du 24 juin, ce jour sans nuit, commençait à poindre sur la cime des montagnes de l'est. Un cri lamentable retentit dans le silence du château et fut suivi de nouveaux cris déchirants comme les râles de détresse d'une femme assassinée. Le comte s'élança de son lit, et, à moitié vêtu, il ouvrit la porte et courut, l'épée à la main, dans le corridor, en criant au secours. En un instant, toute la maison fut sur pied. La princesse, enveloppée d'une pelisse turque, parut, un poignard à la main, terrible comme la Judith de sa broderie.

— Les cris partent de là! lui dit le comte.

Et il désignait une chambre : celle d'Odilla.

— Que tout le monde se retire! s'écria la princesse. Et vous aussi, chevalier. Comte de Lille, restez avec moi; nous suffirons à tout.

Le chevalier Gaetano feignit d'insister pour prêter secours : un signe impérieux de la princesse ne lui permit pas de faire ses offres deux fois.

Le comte enfonça la porte et courut, avant la princesse, au lit d'Odilla.

Cette jeune femme se débattait dans les convulsions de l'agonie; sa belle figure, toute décomposée par des souffrances intolérables, avait déjà la hideur livide du cadavre; ses lèvres distillaient une écume sanguinolente; les veines de son col se gonflaient comme si elles allaient se rompre; ses grands yeux fixes s'attachaient sur une croix suspendue au pied du lit et ses deux mains crispées ne pouvaient se joindre pour la prière des agonisants.

La princesse l'embrassa, en l'inondant de larmes et se retournant, elle dit au comte :

— Courez à Rastadt et amenez le médecin du château.

— Inutile, dit Odilla, d'une voix éteinte : je meurs empoisonnée par vos amants; que Dieu leur pardonne !

Et elle expira.

La princesse tomba la face contre terre, devant le crucifix, en poussant un cri de désespoir qui retentit dans tout le château.

Le comte s'assit lourdement sur un fauteuil, appuya son visage sur ses mains et pleura.

Après quelques instants donnés aux larmes, la princesse se releva; elle était transfigurée : l'expression de sa figure avait un caractère angélique, on aurait dit que l'âme pure d'Odilla venait de traverser la sienne en montant au ciel.

— Monsieur le comte, dit-elle, la main que je vous offre est la main d'une amie, elle serre la vôtre une dernière fois.

— Madame, dit le comte, ce cadavre nous impose de grands devoirs à vous et à moi; je le sais, et je serai digne de vous; mais un crime a été commis, et je resterai ici tant que justice ne sera pas faite.

— Elle se fera ! dit la princesse d'une voix de souveraine irritée ; elle se fera, et terrible, je le jure sur le cadavre de cet ange, dont j'ai involontairement causé la mort par une parole imprudente qu'un vil espion a recueillie !

— Que dites-vous, madame ! s'écria le comte.

— Je dis ce que Dieu sait, et en vous le confiant à vous, je vous donne la dernière et la plus grande preuve de mon affection... Pas un mot de plus. Associez-vous avec moi à cette veillée funèbre et prions, non pas pour elle, mais pour vous.

VII

Quinze jours après la mort d'Odilla, la princesse était assise dans sa chambre et donnait des instructions secrètes à Bertha et à Minck, qu'elle avait attachés à son service après le départ du comte. Les deux serviteurs promirent de faire exactement ce qui leur était recommandé et ils sortirent. Le plan de la princesse était bien conçu : elle voulait forcer le coupable à confesser lui-même son crime ; et pour arriver à ce résultat, il fallait dompter l'énergie du chevalier et anéantir ses forces par l'épouvante.

La nuit tombait.

La princesse tenait ses yeux fixés sur un petit bas-relief qu'on voit à l'angle gauche du plafond de cette chambre et qui représente la mort violente de Lucrèce. Aux jours de l'innocence, elle avait elle-même donné le dessin de ce bas-relief à son sculpteur, pour avoir toujours sous les yeux ce glorieux exemple de vertu conjugale. C'était la dernière fois que ses regards s'attachaient à cet angle du plafond.

Elle descendit pour respirer la fraîcheur du soir et se donner le calme nécessaire à l'accomplissement d'un grand projet. Autour d'elle régnait la plus triste des solitudes, celle qui arrive après la foule et le bruit. Le château ne montrait sur ses façades que des fenêtres closes, des balcons déserts, des vitres noires; les lustres et les girandoles avaient perdu leurs lumières. La Favorite était en deuil.

Les domestiques, encore assez nombreux, ne se montraient qu'aux heures et selon les besoins du service. Un seul homme n'avait pas quitté le château, où la princesse le retenait avec une habileté merveilleuse pour arriver à ses fins, et elle avait pour auxiliaire cet aveuglement stupide qui ferme les yeux des plus habiles et des plus rusés, dans la folie de leur amour-propre et de leur passion. Le chevalier Gaetano s'était donc persuadé qu'à force de tactique il avait mis en fuite ses rivaux désespérés, éloigné de lui tous les soupçons en les faisant planer sur d'autres et conquis pour toujours la domination absolue dans ce château qui ne restait ouvert que pour lui.

L'orgueil caressait amoureusement ses idées et les rendait plus que vraisemblables; c'était la vérité de la situation.

Ce soir-là même, la princesse rencontra, comme par hasard, le chevalier devant le perron, au milieu des ténèbres les plus profondes, car le ciel était voilé de nuages et pas une lumière ne donnait ses rayons aux vitres de la façade. La grande porte de la salle du festin, la salle du crime, était fermée pour ne jamais se rouvrir, et la voûte qui lui sert de vestibule laissait entrevoir, malgré l'obscurité, les formes blanchâtres de ses deux statues, qui ressemblent encore aujourd'hui à deux fantômes posés en sentinelles pour défendre l'entrée de cette salle où tant de joyeux festins furent clôturés par le festin de la mort.

La princesse continua le rôle qu'elle jouait depuis quinze jours avec une adresse qui n'arrivait jamais à l'exagération et aurait trompé le plus soupçonneux des hommes. Elle s'entretint avec le chevalier sur le ton d'une intimité douce et affectueuse, accordant quelquefois à une répartie heureuse ce sourire modéré qu'un deuil trop récent ne permet point d'élever jusqu'à l'éclat.

Le prompt départ du comte de Lille ressemblait à une expulsion, et le chevalier avait toutes les raisons de croire qu'il restait enfin seul maître dans cette lice d'amour, autrefois encombrée de tant de rivaux.

Un peu avant minuit, la princesse dit au chevalier :

— Vous connaissez mes goûts de promenades nocturne ; la nuit est tiède. Demain, soyez levé de bonne heure, je promets de vous faire faire une charmante ascension aux ruines du Vieux-Château.

Elle salua familièrement de la main et fit une fausse sortie du côté des premiers arbres du parc.

Le chevalier enivré de joie monta le perron d'un pas de triomphateur ; il ouvrit la grande porte de la galerie supérieure, celle qui domine la salle à manger, et la referma, comme il faisait tous les soirs. C'était le chemin bien connu qu'il suivait pour rentrer dans la chambre aux trois portes.

En longeant la balustrade de marbre, il entendit un soupir qui montait des profondeurs de la salle, et son regard se porta involontairement sur le parquet inférieur.

Un cri d'épouvante fut retenu par ses lèvres glacées; sa langue se dessécha; ses cheveux se hérissèrent; ses pieds, frappés de paralysie, n'avancèrent plus; ses yeux se fermèrent et se rouvrirent sur la plus horrible des apparitions.

Un cercueil remplaçait la table du festin; des lampes funèbres jetaient des clartés livides au fond de cette salle, qui ressemblait à un gouffre infernal; une femme, voilée d'un suaire blanc, se leva lentement comme d'un lit sépulcral et désigna le chevalier avec un signe de menace qui disait :

— Voilà mon assassin !

Cette lugubre apparition était intolérable au regard : le chevalier se cramponna sur la balustrade et, à défaut de ses pieds, il se servit de ses bras pour se traîner jusqu'à l'extrémité de la galerie. Par intervalle, il tournait un œil furtif dans les profondeurs de la salle, comme pour se prouver qu'il était dupe d'un mensonge nocturne, et toujours il voyait dans sa réalité formidable ce spectre de femme qui le suivait de la main et du regard en le menaçant. Hors d'haleine, brisé par la terreur, inondé d'une sueur de fièvre, il rampa jusqu'à la porte et trouva un souffle de respiration en entrant dans le premier salon éclairé par un bougeoir et n'appartenant plus au domaine des morts. Ses pieds se raffermirent; en trois bonds il atteignit sa chambre, dont le joyeux ameublement le rassura. Mais ce répit ne fut pas long.

Les figures fantastiques plaquées aux murs s'agitèrent en poussant des cris aigus et semblèrent sortir des tentures pour accuser l'assassin. Au même instant le vent du sud déchaîna une de ses raffales dans les arbres du parc, agita les persiennes du château, fit grincer les girouettes et donna aux échos des corridors la gamme des plaintes sinistres. Toutes les voix de l'air, de la tombe, des galeries, des arbres, se réunirent dans une concert lamentable qui ressemblait à la malédiction de Dieu.

Une porte s'ouvrit en tournant violemment sur ses

gonds, comme si la main d'un fantôme l'eût poussée, et le chevalier, immobile comme l'homme foudroyé qui garde encore le sentiment de sa vie, vit entrer la princesse Sibylle en robe de deuil et la tête voilée d'un crêpe noir.

La sibylle d'Endor, foudroyant Saül la veille de Gelboë, n'avait pas sur sa figure la formidable expression de la princesse de Rastadt; c'était l'archange exterminateur avec la sublime beauté de la femme; elle semblait descendre du ciel avec le secret de Dieu et la confidence de la tombe; sa main, digne du sceptre, se tendit vers l'homme coupable, et une voix stridente fit retentir ces mots :

— Tu es l'assassin d'Odilla! tombe à genoux et accuse-toi.

Le chevalier, épuisé par des émotions au-dessus des forces humaines, se précipita aux pieds de la princesse et murmura des paroles confuses qui laissèrent à peine distinguer le mot pardon.

— Le pardon ne vient que de Dieu, dit la princesse, mais le châtiment vient de la main des rois.

Elle fit un signe et le révérend Pétrus entra.

— Voilà le criminel, reprit la princesse; je vous le livre; je ne veux pas vous obliger, mon père, à violer le secret de la confession, car vous me désobéiriez ; mais comme la justice humaine veut être éclairée pour être approuvée par la justice de Dieu, je puis l'obliger, lui, à répondre à son juge souverain sur la terre. Parle, Gaetano, et accuse-toi.

— Que faut-il dire? demanda le chevalier d'une voix éteinte.

— Tout, reprit la princesse d'une voix foudroyante. Veux-tu que je t'aide? Je t'aiderai... Le soir du crime j'ai vu, dans le voisinage d'un arbre, les hautes herbes couchées dans la longueur d'un corps humain... Tu étais là, comme un espion. Est-ce vrai ?

— Oui, madame.

— Tu as entendu une parole coupable sortir de ma bouche?... Tu vois que je m'accuse aussi.

— Oui... vous avez dit, *qui me délivrera de cette femme?*

— C'est vrai... et sans faire la part de mon irritation d'un moment, sans examiner si ma phrase réclamait un crime, sans me demander le sens vrai et l'interprétation de ma parole, tu t'es fait le justicier de ma cour, et tu as commis le plus lâche, le plus infâme des crimes ; tu as empoisonné cette pauvre Odilla ! Est-ce vrai ?

— Oui.

— Avec quel poison ?

— Avec le suc d'une plante d'Afrique cultivée dans mon jardin de Saint-Antoine à Malte.

— En as-tu encore de ce poison, misérable ?

— Non ; pour le soustraire aux recherches, j'ai jeté les deux fioles dans la pièce d'eau.

— Tant pis ! dit la princesse à voix basse. Et elle réfléchit un instant.

— Maintenant, reprit-elle, je te donne un quart d'heure pour te réconcilier avec Dieu, si le diable qui te possède n'est pas le plus fort.

Elle sortit et laissa le chevalier avec le prêtre.

Le sursis expiré, elle rentra et dit au révérend Pétrus :

— A demain, à Rastadt, mon père, et ce sera mon tour.

Le prêtre sortit.

Minck et Conrad entrèrent et exécutèrent les ordres qui venaient de leur être donnés.

Gaetano fut conduit par eux, au milieu de la nuit, aux ruines du Vieux-Château. Arrivé au sommet du chemin qui tourne sur les flancs de la montagne, il chancela et tomba lourdement de toute sa hauteur.

Ses pieds ne pouvaient plus le soutenir. Conrad, doué d'une force herculéenne, le souleva et le chargea sur ses épaules comme il eût fait d'un chevreuil abattu en braconnant.

Les exécuteurs et le condamné arrivèrent au centre des ruines par des chemins alors impraticables, et on s'arrêta au pied de ce gigantesque pan de muraille qui s'élève sur le gouffre béant des oubliettes. La herse n'avait pas disparu dans la dévastation du château : c'était la porte de l'enfer; le grincement aigu qu'elle poussait en retombant ressemblait au cri de la damnation éternelle, qui, pour la première fois, arrache l'espoir au cœur de l'homme. C'est dans cet abîme de ténèbres que fut jeté Gaetano, et tous les énormes blocs de granit tombés sur les hautes herbes furent amoncelés devant la herse comme surcroît de précaution. L'évasion était impossible. Gaetano ne devait plus avoir pour compagnons que les immondes reptiles qui peuplent les souterrains de la mort, et réveillent les prisonniers en passant comme des glaçons infects sur leur visage et leurs mains.

Telle fut l'exécution de la sentence prononcée par *Sibylla-Augusta de Lauenbourg, margravine de Bade, Rastadt et lieux circonvoisins; haute justicière par droit souverain, ratifié par l'archevêque de Trèves et son coadjuteur.*

Minck et Conrad retournèrent à la Favorite, un peu après le lever du soleil, pour exécuter les derniers ordres de la princesse. Ils emmenaient avec eux des ouvriers de Bade chargés de construire une petite chapelle dans le voisinage du château, et le curé d'Oos, *ayant licence de biner*, reçut la mission d'y venir célébrer la messe tous les dimanches. C'est là que furent tranférés, après la mort de la princesse, plusieurs objets de dévotion et de pénitence ayant servi à la princesse et apportés de Rastadt. Un décorateur rempli de foi naïve a essayé d'orner cette chapelle rustique avec des accessoires qui remontent à l'enfance de l'art et qui auraient révolté l'excellent goût artistique de la princesse Sibylle si elle avait pu les voir. Le révérend Pétrus, son directeur de conscience, dont le nom est gravé sur une thèse latine placardée, on ne sait pourquoi, dans la même chapelle, a, dit-on, donné ses conseils pour compléter sa naïve décoration telle qu'on la voit encore aujourd'hui.

Le château de la Favorite fut fermé sur toutes ses façades. La grande porte de la salle des festins fut scellée du sceau de la princesse souveraine, comme condamnée à ne plus se rouvrir, et le côté du perron prit ce caractère sinistre de désolation qu'il gardera toujours.

L'expiation attendait la princesse au château de Rastadt, où nous allons la retrouver.

VIII

Recluse à Rastadt, la Madeleine du Rhin prit le nom de sœur Augusta, car Sibylle était morte au monde.

A l'extrémité du château elle fit bâtir une chapelle sous l'invocation de la sainte Croix. Le peintre Freinshemius fut chargé d'illustrer les murs de grandes fresques représentant le miracle opéré par sainte Hélène, mère de l'empereur Constantin. On reconnaît la princesse Sibylle sous les traits de l'auguste femme qui découvre la croix de la rédemption. A l'entrée des nefs latérales on lit d'un côté : *Vexilla regis pro-*

deunt, et de l'autre : *Fulget crucis mysterium.* Devant la porte le regard est arrêté par cette inscription gravée en lettres d'or sur le pavé :

BETET
FÜR DIE GROSSE
SÜNDERIN
AUGUSTA.
1733.

A son lit de mort, la princesse donna elle-même cette inscription avec ordre de la mettre à côté de son tombeau ; en voici la traduction : *Priez pour la grande pécheresse Augusta.*

Aux deux premiers piliers de la nef, on voit deux tableaux, le prophète David et sainte Madeleine, ces deux types immortels de la pénitence et du repentir ; ici l'intention de la princesse Sibylle est évidente ; elle a voulu traduire en peinture le verset :

Teste David cùm Sibylla.

Sur la grande porte, on lit une inscription latine qui donne la date de l'inauguration de cette chapelle de la Croix, fondée par la margravine Sibylla-Augusta, en 1719.

L'illustre fondatrice a voulu que la première pensée du visiteur fût pour elle. L'inscription qui invite à prier a gardé, dans ses caractères de cuivre, des aspérités saillantes qui arrêtent le pied sur la première dalle du parvis, et la voix de l'invisible pécheresse crie éternellement : Vous qui entrez, priez pour moi! On admire ensuite l'édifice, dont l'aspect général est saisissant; mais le regard qui monte à la fresque circulaire ne peut plus s'en détacher et descendre. C'est tout un poëme Michel-Angesque dicté par la princesse à un peintre de génie et de foi. Là, deux mondes sont en présence : à gauche, la mère de Constantin vient de faire la miraculeuse épreuve des trois croix du Calvaire; la véritable a ressuscité un cadavre, et les chrétiens célèbrent à genoux la première adoration de la relique divine. Les ténèbres du passé idolâtre semblent encore couvrir l'horizon. Sur le pan de mur qui domine le maître-autel, la régénération du vieux monde s'accomplit; les néophytes renversent les colonnes du temple de Vénus impudique; les ouvriers élèvent les échafaudages de l'église du Calvaire; tout cela est superbe de grandeur et d'animation. A droite, l'église chrétienne, avec ses glorieux représentants, rayonne sur un horizon de lumière, et le vieillard Siméon entonne le *Nunc dimitis*, en étendant les mains vers la nouvelle Jérusalem qui s'élève à l'ombre de la croix. Mais voici qui tient du prodige, et ce que chacun peut constater aujourd'hui, car les promenades à Rastadt deviennent fréquentes : au milieu de tant de figures groupées sur cette immense et superbe fresque, le visage de la princesse Sibylle a gardé une fraîcheur inaltérable ; il se détache du fond avec un relief émouvant et ramène sans cesse les regards comme un de ces portraits merveilleux auxquels le pinceau a donné la vie. La fresque porte son âge de cent quarante-deux ans, mais on dirait que les traits de la princesse Sibylle ont été peints hier par Overbeck ou Cornélius, ces grands artistes, nos contemporains.

En montant les marches qui tournent derrière le maître-autel, on arrive à un petit oratoire contigu au château et dans lequel la princesse Sibylle a passé en prières et en macérations tout le temps qui a été consacré à bâtir la chapelle de la Croix. Devant cet oratoire on voit un double escalier qu'elle montait en s'agenouillant sur chaque marche et que les fidèles de

Rastadt montent de la même manière, le vendredi saint, en mémoire de l'illustre pénitente. La fantaisie profane qui a décoré si gracieusement le voluptueux château de la Favorite est devenue l'inspiration chrétienne qui a dicté aux artistes les austères ornements de la chapelle de la Croix. La pensée pieuse de la belle convertie se retrouve là toujours. Ce n'est plus la baguette d'Armide qui donne la grâce sensuelle aux lambris, aux voussures, aux alcôves, aux galeries, aux paysages ; c'est la main de Madeleine incrustant partout les pierres précieuses qui sont les larmes du Calvaire et les divins joyaux de la rédemption. En visitant cette chapelle, cet oratoire, cet escalier, le cœur se serre au souvenir de cette adorable femme qui avait tout reçu du ciel pour être heureuse et que la fatalité précipita d'un piédestal de déesse pour lui infliger douze années de tortures, de larmes, d'abstinence et de macérations. Il n'y a pas d'exemple d'une vie pareille dans l'histoire des femmes. Madeleine elle-même, cette Aspasie chrétienne, quittant ses vulgaires intrigues de Jérusalem pour la délicieuse forêt de la Sainte-Baume, a fait beaucoup moins que la princesse Sibylle, l'opulente reine de l'Eden allemand. C'est pourtant l'exemple donné par Madeleine qui a inspiré le sublime repentir d'Augusta. L'image de la pécheresse de Jérusalem se retrouve naturellement dans la chapelle de la Croix du château de Rastadt; on voit que la sainte fut la constante préoccupation de la princesse et des peintres qui étaient dans sa confidence et qui travaillaient sous son inspiration. Il s'est trouvé même alors un artiste flamand qui a cru devoir, pour être agréable à l'auguste pénitente, la peindre en Madeleine, au milieu d'un cortége d'anges déguisés en amours, et conduite dans une assomption miraculeuse à la forêt de la Sainte-Baume. On voit à gauche l'attirail ascétique de la macération, et dans le haut la croix de l'oratoire de la Favorite porté par deux anges. C'est une jolie peinture, un charmant tableau mondainement pieux qui, par la voix de ses petits amours d'anges, semble dire : *Il faut beaucoup lui pardonner, car elle a beaucoup aimé.*

Cette précieuse toile est aujourd'hui la propriété de M. le docteur de Lisle, qui la conserve comme une relique dans son cabinet à Bade. Très-probablement elle aura été vendue à Rastadt après la mort de la princesse, car la manière dont le peintre a traité son sujet ne permettait pas à cette œuvre de figurer dans la chapelle parmi d'autres tableaux sévèrement pieux.

Le château de Rastadt est tout rempli des souvenirs de la princesse Sibylle ; ses portraits, ses meubles, ses œuvres de broderie en écrans, en tabourets, en tentures se font admirer dans les salles et les galeries. Sa chambre de toilette conserve encore les portraits en pied des odalisques, les prisonnières de son mari : la chronique affirme qu'elles étaient belles; le peintre leur a donné une laideur étrange, ce qui fait supposer qu'une pensée de jalousie conduisit la main de l'artiste auteur de ces portraits. Serait-ce la main de la princesse? on pourrait presque l'affirmer. Ces toiles sont émouvantes, elles semblent plaider la cause de la grande pécheresse et projettent leur ombre triste sur la gloire du héros de Bade, le prince Louis, le vainqueur des Ottomans et le ravisseur d'un sérail.

Tout auprès on visite avec émotion la chambre dans laquelle la princesse Sibylle a rendu le dernier soupir. A la dernière phase de sa maladie, elle fut arrachée à la natte dure qui était sa couche de pénitence, et déposée dans cette alcove somptueuse ornée de colonnes. Il ne lui fut pas donné, comme à Madeleine, d'expirer sur un lit de rocher.

Quel contraste vient frapper le visiteur dans cette chambre de l'hymen et de la mort ! La même princesse qui dictait à un grand peintre l'épopée de la Croix et voulait y tenir la place de sainte Hélène, avait aussi conduit le pinceau sous ces lambris d'or qui encadraient la couche nuptiale. Le plafond est charmant, il est digne de l'Albane ; on y voit la blonde Vénus, endormie sur un lit moderne, au milieu de ces petits amours rieurs qui plus tard devaient se changer en anges. Un de ces Cupidons garde le sommeil de la déesse, les autres sont occupés à dérouler les tentures qui voileront son temple nocturne. Le génie du silence, assis au sommet de l'alcôve, met le doigt indicateur sur sa bouche, comme la déesse Muta, et recommande aux profanes de ne pas troubler le sommeil de Vénus.

Aujourd'hui quel deuil dans ce Versailles badois ! On dirait que ce magnifique château continue la pénitence de l'adorable Augusta. C'est le désert dans toute sa pompe, c'est le silence morne et tout retentissant encore des joyeux bruits du passé. Il fallait un peuple de nobles dames et de gentilshommes pour animer ces salles immenses, ces escaliers de géants, ces galeries splendides, cet Olympe idéal où les peintres, les statuaires, les mosaïstes, les décorateurs ont dépensé tant de fantaisies et de richesses pour célébrer la gloire du héros du Danube et la beauté d'une jeune princesse. L'extérieur du château fait croire aux visiteurs qu'il n'a pas perdu ce peuple brillant de ses anciens jours. Au sommet de sa façade, la statue de Jupiter a gardé sa dorure éclatante et préside encore aux divinités de l'Olympe, rangées sur les corniches comme dans un congrès homérique. On entre avec crainte et respect et on trouve une femme d'un âge mûr, mais d'allure vive, qui habite seule le Versailles de Rastadt et conduit l'étranger à travers cette merveilleuse solitude où l'ombre de la princesse Sibylle plane encore sur tous les lambris.

La tombe de la princesse a été longtemps un mystère, car la pénitente avait, dans ses dernières volontés, exprimé le vœu d'être ensevelie sans pompe et mise en terre comme la plus obscure et la dernière des femmes. En ces derniers temps, un célèbre professeur allemand vint à Rastadt et dit au desservant de la chapelle de la Croix qu'il y avait un trésor caché sous la nef de gauche. Sur l'autorité de son nom et de sa science, on lui donna la permission de faire une fouille. Le professeur, après de longues recherches, découvrit un anneau profondément incrusté dans une dalle : ce fut un indice pour lui. Il souleva le couvercle d'un caveau funèbre qu'aucune inscription ne distinguait, dans la petite chapelle de gauche, et il trouva au fond le corps de la princesse Sibylle, à quelques pas de la pierre où sa voix semble encore sortir de la terre et dire à ceux qui vont à Rastadt : *Priez pour la grande pécheresse Augusta!*

Le 24 juin 1734, un voyageur français vêtu de noir descendit de cheval devant la grille du château de Rastadt. Il traversa lentement la grande cour d'honneur, en visiteur qui connaît le terrain, et passant sous la voûte du milieu, il se détourna vers la gauche, longea la façade et son annexe du côté des jardins et entra dans la chapelle de la sainte Croix.

Il s'agenouilla devant l'inscription qui invite à la prière, se recueillit la tête basse et les mains jointes, et après avoir essuyé quelques larmes il sortit, reprit le même chemin, et remontant à cheval, il suivit la route de Kehl.

Le lendemain, le brillant comte de Lille entrait au monastère des Franciscains, situé à peu de distance de Strasbourg.

Les voilà donc réduits à leur juste valeur les commérages légendaires et les calomnies de ville et de campagne qui depuis cent trente ans accompagnent le nom de la princesse Sibylle. On a parlé d'amants jetés aux oubliettes, de poison versé dans la coupe d'une rivale, et de soixante et douze favoris dont les noms sont gravés sur les coupes dans l'office du château criminel. Il y avait, parmi ces nombreux invités, des vieillards à tête grise, des gentilshommes accompagnés de leurs femmes et de leurs familles, des invalides de la guerre du Palatinat; n'importe! la calomnie ne s'arrête pas à ces détails et maintient le fabuleux chiffre de soixante et douze amants, ni plus ni moins. Un vil criminel a été enseveli dans les oubliettes du Vieux-Château, et la calomnie a exhumé les contes de la tour de Nesle. Il y a eu un crime, c'est incontestable, car l'expiation n'aurait pas été si cruelle et si éclatante pour quelques distractions de veuve; mais ce crime n'a pas été commis par cette noble princesse, la plus spirituelle, la plus artiste, la plus intelligente des femmes. Les grands crimes ne sont perpétrés que par de hideux imbéciles, ou des fous furieux, ou des voleurs assassins. Toutefois ce crime d'autrui a donné à la princesse le plus inexorable des remords par les circonstances qui l'ont accompagné. Se croire la cause involontaire de la mort d'une jeune fille, être poursuivie incessamment par un fantôme accusateur, traîner un cadavre sur tous les sillons où l'on marche, voilà l'intolérable ! Et lorsqu'une femme, emportée par une imagination de feu, s'exagère encore la part indirecte qu'elle a prise dans ce crime, alors il n'y a plus de repos pour son âme. Le souvenir de quelques intrigues d'amour vient se confondre avec l'assassinat involontaire ; elle ne voit de salut et de ressources que dans l'expiation chrétienne, et elle la fait si grande qu'elle se purifie aux yeux de l'univers, son confident, et qu'elle attache à son front l'auréole de la sainteté !

III

POTSDAM ET SANS-SOUCI

Deux résidences royales jouissent, dans le monde, d'une grande célébrité : Versailles et Potsdam ; elles doivent cette renommée universelle à deux rois, qui sont deux antithèses couronnées : Louis XIV et Frédéric, tous deux ayant reçu de l'histoire le titre de *grand* ; l'un fastueux comme un satrape, belliqueux avec l'épée de ses généraux, égoïste comme le soleil, sa *pièce* héraldique ; voluptueux par ostentation plus que par tempérament, protecteur des arts et ne les enrichissant pas, cherchant le bonheur sur le trône sans le trouver, se résignant pompeusement à l'ennui ; heureux de passer pour heureux ; brave comme tous les rois de sa race, mais sans vouloir se hasarder dans les grands périls ; allant en guerre en carrosse, avec l'escorte de ses favorites ; poussant à l'extrême la noble vertu de la nationalité pour la gloire de la France, mais de la France incarnée en lui. Il fit bâtir Versailles pour ne plus voir le doigt indicateur de la mort, qu'il voyait trop, du haut de Saint-Germain, dans le clocher de la royale nécropole de Saint-Denis.

L'autre est un roi soldat : il a connu le génie fier et belliqueux de son peuple, et il veut élever la Prusse au rang de grande nation. Il aime la gloire, et il n'aimera jamais qu'elle ; cette favorite lui suffit ; c'est à elle qu'il réserve ses prodigalités et les épargnes de son trésor. Le faste et la pompe lui répugnent ; son costume élève la simplicité jusqu'à l'abus ; il lui faut le drap grossier qui convient au bivouac et la dure alcove des tentes ; il lui faut le gant rude qui sait étreindre une épée ; il lui faut l'épaisse culotte de peau qui use le cheval et n'est pas usée par lui. C'est le Charles XII de la Prusse, et, comme lui, il donnera des déplaisirs mortels à ses voisins dans une guerre de sept ans. Si cette longue bataille lui fait des loisirs, il les consacrera aux fortes études, aux arts, aux belles-lettres, aux amitiés illustres. Son Versailles de Potsdam est un cabinet de travail, entouré d'ombrage et de solitude; il laissera le sérail aux sultans de Stamboul.

Cette grande physionomie de roi est encore vivante au *Residenzschloss* de Potsdam. Il n'y a pas eu là de révolution comme à Versailles; tous les meubles ont gardé leur place dans les appartements du grand monarque; lui seul est absent, et l'on s'attend toujours à le voir rentrer. Les goûts de l'artiste et du lettré se retrouvent encore sous ces lambris royaux, qui retentirent de l'archet de Wieland et de la voix sonore de Voltaire. La bibliothèque abonde en ouvrages français; le pupitre à musique étale encore une fugue de Buch; la table de travail est noircie de l'encre qui servit à écrire le poëme de l'*Art de la guerre;* le sofa est ravagé par les amateurs de reliques, mais cette dévastation atteste son authenticité; le chapeau, l'écharpe, le garde-vue attirent le regard et font rêver le visiteur; c'est le privilége des minuties attaché au souvenir du grand homme. Que ne donnerait-on pas pour voir et toucher le baudrier d'Alexandre, ou le manteau troué de Jules César ! Par malheur, les hommes ne respectent rien : ils ravagent les pyramides ou le mobilier de Louis XIV avec la même facilité. Le génie de la destruction est l'éternel conseiller du monde. La ruine est le meuble de l'univers.

Ces tristes réflexions vous accompagnent partout à Potsdam ; car en aucun lieu on ne retrouve en si haut degré le respect qu'on doit aux reliques augustes. Ainsi, dans le château bâti par le grand Frédéric, sur une éminence qui domine la ville, on voit encore la pendule que le roi avait l'habitude de monter lui-même, et qui s'arrêta, comme par miracle, au moment même de sa mort, à deux heures vingt minutes, le 17 août 1786. Le fauteuil sur lequel il rendit le dernier soupir garde les traces de la dernière saignée et semble raconter l'agonie du héros ; mais ce qui frappe surtout le visiteur, quand il regarde par une fenêtre du côté de l'ouest, c'est le célèbre moulin qui masque la vue et qui résista, comme une place forte, aux démolisseurs patentés et aux aligneurs inexorables. Ce moulin est un monument de justice et atteste le bon sens de Frédéric. « Ah ! vous ne démolirez pas mon patrimoine sous prétexte qu'il gêne la vue ! s'écria le meunier qu'on voulait exproprier pour cause d'utilité royale ; c'est mon Potsdam à moi, et si vous osez porter votre marteau sur mon moulin, je vous ferai un procès, et je le gagnerai, car il y a des juges à Berlin! »

Cicéron, plaidant pour son moulin, *pro domo sua*, ne fut pas plus éloquent. Frédéric, comme le dit le poëte Andrieux, s'estima très-heureux de voir que ses sujets croyaient à la justice sous son règne, et il gagna contre lui-même la plus belle de ses victoires : il fit respecter le moulin, et aujourd'hui c'est encore un petit-fils du meunier qui fait tourner les ailes du moulin de Sans-Souci.

Vers 1845, — le roi Philippe le Bel n'a pas été aussi heureux que ce meunier, — on montrait à Paris, rue des Bourdonnais, n° 9, le gothique palais de ce roi. C'était un vrai bijou d'architecture sainte ; il y avait même, à la porte d'entrée, le *montoir* où s'appuyait le pied de Philippe le Bel quand il montait à cheval. Un spéculateur acheta le palais, et comme il était trop mal *emménagé* pour contenir de nombreux locataires, il fut démoli et remplacé par une de ces énormes maisons qui renferment un monde. Les antiquaires firent une protestation, mais le spéculateur était dans son droit : le Code plaidait pour lui, et M. Carimantran, huissier-audiencier, s'installa avec ses clercs dans l'appartement intime occupé par Philippe le Bel.

Eh bien, franchement, le moulin de Sans-Souci est d'un effet délicieux dans le paysage royal. Trop souvent la chose rustique manque à la pompe monotone des jardins princiers. L'œil se ferme d'ennui devant ces fastueux étalages de grands arbres alignés, qui contrarient le système indépendant de la nature. On aimerait à voir dans les pompeuses symétries de Versailles une ferme ornée de paysans et d'oiseaux de basse-cour; et cela est si vrai, qu'après la mort de Louis XIV, les royaux locataires de son immense palais le trouvèrent inhabitable, et se firent bergers ou bergères pour vivre comme des fermiers à Trianon. Les plus belles et les plus blanches mains prirent des houlettes et nouèrent des faveurs au cou des moutons; l'idylle relégua le poëme épique dans l'Olympe de Louis XIV, et les reines et les princesses, en cotte de bure et en bavolet, firent du beurre dans la laiterie de Trianon.

C'était bien la peine de dépenser sept cent millions pour bâtir Versailles, cet Olympe de l'étiquette et de la morne gravité !

Du moulin de Sans-Souci on monte la pente douce

qui conduit à la *Montagne des Ruines (Ruinenberg)*. Ces ruines sont artificielles. Chose singulière ! lorsqu'un pays a le bonheur de manquer de ruines, on en fabrique de neuves. Les ruines, même fausses, ont toujours un aspect charmant. On se lasse de la colonnade du Louvre ; on ne se lasserait jamais du Colisée de Titus. Sous Louis XV, on construisit, à grands frais, de belles ruines dans le parc de Monceaux, pour égayer Madame du Barry. On était ennuyé du neuf et des colonnes qui se portent bien. La joyeuse rotonde des fontaines de Versailles parut triste à Louis XV ; ce roi spirituel et mélancolique ordonna d'élever une pyramide tumulaire sur les pelouses de Monceaux. La mort lui semblait plus amusante que la vie dans cet Eden de la volupté.

Les goûts changent dans les cours. Il y avait à côté de Coblentz un château en ruine et d'un bel effet, sur le paysage du Rhin : c'était Stolzenfels. En 1845, le petit-fils du grand Frédéric trouva ces belles ruines fort tristes, et il ordonna sagement que le château féodal fût reconstruit et remis dans son état primitif.

Du haut de Ruinenberg on jouit d'une vue admirable ; l'œil peut suivre tous les méandres de la rivière Havel, qui s'arrête au milieu de son cours pour s'arrondir en lac; les collines boisées servent de cadre et d'horizon. C'est toujours cette admirable nature allemande qui joue un rôle à part dans la création et ne ressemble à aucune autre; ses paysages n'ont pas l'éclat, le coloris, la chaleur rayonnante des paysages italiens, ni la touchante mélancolie des horizons du Nord, ni la fécondité bourgeoise des campagnes anglaises; c'est toujours une association de perspectives charmantes, pleines de grâce et de sérénité douce; un accord harmonieux et parfait de toutes les choses qui ravissent le regard sous les teintes vertes de l'été, ou les teintes dorées de l'automne; c'est la symphonie pastorale de Beethoven, traduite par des collines aux molles inflexions, des prairies de fleurs, des forêts hautes et profondes, qui sont toujours des parcs de promenade, comme des allées de jardins.

Devant le château de Potsdam s'élève une belle église, que les voyageurs visitent toujours. Le tympan du portique est orné d'un bas-relief représentant le sermon de la montagne; c'est l'œuvre de Kiss, d'après les dessins de Schinkel. On admire dans l'intérieur de l'église une immense fresque sur fond d'or, où figurent le Christ et les apôtres. On reconnaît là le génie de Cornélius, ce peintre qui a beaucoup plus vécu avec les vieux maîtres florentins qu'avec l'école contemporaine. En 1834, j'eus l'honneur d'être admis dans l'atelier d'Overbeck et de Cornélius, à Rome, et j'ai vu là des esquisses de peintures bibliques qu'on retrouve dans la fresque de Nicolaïkirche. Ces deux peintres allemands jouissent d'une grande et légitime réputation. S'ils eussent vécu au siècle de Mazaccio, des frères Gaddi et de Fra Angelico, ils auraient été admis à l'honneur de peindre les fresques de Santa Maria Novella et de la chapelle des Ruccelaï. Aujourd'hui, l'école de la forme ayant trop remplacé l'école de l'esprit, les deux maîtres se trouvent un peu dépaysés dans un monde matériel; ils ont au cœur le divin principe de l'art, ils ont la foi. Leur talent s'est nourri des sublimes choses de la Bible ; aucun peintre n'a traduit comme eux les primitives scènes de la Mésopotamie ; les haltes des pasteurs au bord du puits des déserts; les saintes migrations du peuple hébreu ; les types merveilleux des patriarches et des femmes du Liban et de Jérusalem. — On visite ensuite l'hôtel de ville, construit sur le modèle de celui d'Amsterdam ; le palais Barberini, où se réunissent, dans de vastes salles, les sociétés de la science et de l'art ; et l'église de la garnison, fort curieuse à voir. C'est là que furent déposés les restes mortels du grand Frédéric et de son père, Frédéric-Guillaume I*er*, qui fit bâtir cette église. De même que nous avons suspendu au dôme de nos Invalides les drapeaux conquis sur les armées de l'Europe, on a suspendu, dans le même intérêt de patriotisme, les drapeaux français aux murs des Invalides de Potsdam : ce sont les trophées de nos désastreuses campagnes de 1813 et 1814. On ferait sagement de ne jamais rien suspendre. Les trophées sont de permanentes excitations à la guerre : celui qui en a moins appelle secrètement le jour où il en aura autant que l'autre, et cet antagonisme peut avoir des trèves mais menace de n'avoir jamais de fin. On ouvre, derrière la chaire, trois bahuts renfermant les trois uniformes que portaient les trois monarques alliés pendant la campagne de 1813; on y voit aussi les tables commémoratives des militaires de la Garde, et le tableau des noms des chevaliers de la Croix de fer.

La place Guillaume est ornée de la statue de Frédéric-Guillaume III, avec cette inscription :

Au père de la patrie, la ville reconnaissante.

En rentrant sur le domaine de Saint-Souci, nous trouvons l'église de la Paix, *Friedenskirche*. Voilà une bonne inspiration ! Ce monument est de création récente ; s'il eût été construit il y a deux siècles, l'Europe n'aurait pas été désolée peut-être par la guerre de Trente ans, la guerre de Sept ans et la guerre de Vingt-deux ans. Les larmes versées par les mères, les sœurs et les veuves, pendant ces trois guerres, formeraient un lac immense, si Dieu, qui les garde dans son trésor, les faisait tomber du ciel.

La *Grande Fontaine* est dans le voisinage. Son jet atteint une hauteur démesurée ; elle est entourée de vingt statues ; celle de Vénus est la meilleure ; elle est l'œuvre de Pigalle, sculpteur français. Un gigantesque escalier conduit de la fontaine au château de Sans-Souci ; il est coupé par neuf terrasses ; à l'extrémité de la terrasse supérieure sont enterrés, sous des dalles funèbres, les lévriers et les chevaux de bataille de Frédéric. Il est à remarquer que ce grand roi s'asseyait souvent sur cette terrasse, et en avait fait sa station favorite après ses promenades dans le parc.

Une allée d'arbres d'une longueur infinie coupe le parc de Sans-Souci de l'est à l'ouest. On trouve à l'extrémité un obélisque. L'arc de triomphe est orné de reliefs en argile cuite représentant le retour du prince de Prusse après la campagne badoise de 1749. En parcourant les jardins, on trouve la *Salle aux Singes*, ainsi nommée, parce que ses murs sont couverts de ces animaux, peints avec beaucoup d'art. Tout près se trouve une autre grande fontaine, ornée de quatre chevaux marins gigantesques, en bronze ; on entre ensuite dans le Temple des antiques, copié sur le Panthéon d'Agrippa.

Le *Neues-Palais* s'élève à l'extrémité de la grande allée. Frédéric II le fit commencer après la guerre de Sept ans et y dépensa plusieurs millions de thalers. — Le thaler vaut trois francs soixante-quinze centimes de notre monnaie. Cet édifice est comme un labyrinthe, avec deux cents appartements. La salle des Grottes est incrustée de coquillages, de minéraux et de pierres de prix. Les galeries supérieures renferment quelques bons tableaux : une *Danaé* de Tintoret; un *Moïse* du Poussin ; une *Artémise* du Dominiquin; une *Cléopâtre* de Guido Reni ; un *Christ à Emmaüs* du Titien; une *Adoration des mages* de Rubens. On visite encore avec respect les appartements du grand roi ; on vous montre son bureau de travail, et, dans la bibliothèque, le manuscrit si précieux de son *Eloge de*

La Mettrie, et un portrait de Voltaire dessiné par lui.

Le théâtre de ce château peut contenir six cents personnes. On remarque, dans la salle des bals et concerts, une *Lucrèce* de Guido Reni, un *Jugement de Pâris* et un *Enlèvement des Sabines* de Luca Giordano, surnommé Luca-fa-presto, car jamais aucun peintre n'a possédé comme lui la furie et l'improvisation du pinceau.

Il y a donc beaucoup à voir et à admirer dans les jardins de Potsdam et de Sans-Souci ; aussi, grâce au chemin de fer, les Français commencent à prendre goût au voyage de Berlin. Voltaire consacrait deux mois à cette expédition lointaine ; Potsdam et la lune étaient à égale distance en ce temps-là. Tout philosophe qu'il se reconnaissait, Voltaire avait l'organisation épicurienne ; il aimait ses aises et les douceurs de la vie ; s'il n'eût consulté que son plaisir de voyageur, il n'aurait pas quitté son premier étage de la rue du Bac ; mais il était doublement attaché à Frédéric par l'admiration et l'intérêt. Ces deux mobiles, et surtout le dernier, lui faisaient oublier les fatigues et les dangers de l'expédition prussienne. Aujourd'hui, ce voyage lointain est une promenade à travers le parc de l'Allemagne. Toutes les grandes stations sont charmantes, et rien n'oblige à faire la course tout d'un trait. On peut s'arrêter à Francfort, la ville des belles promenades ; à Friedberg, ce bijou féodal oublié par le marteau de Gustave-Adolphe; à Giessen, la cité universitaire, si charmante sur les bords fleuris de la Lahn ; à Marburg, qui mérite une station à part. C'est une montagne qui s'est habillée de verdure et de maisons. On y admire une superbe église gothique, fondée par sainte Elisabeth. C'est une merveille dans un écrin de fleurs. On monte au sommet de Marburg pour visiter le célèbre château où Luther, Zwingle et Mélanchthon s'assemblèrent en concile pour décider une question proposée par Philippe le Magnanime. La salle où délibérèrent les trois célèbres réformateurs est fort curieuse dans son architecture de burgrave, et les fenêtres laissent voir un horizon infini, semé de montagnes et de bois.

Cassel doit encore arrêter le voyageur; c'est une ville des plus curieuses ; ses musées font l'admiration des connaisseurs touristes, et son Versailles — *Wilhemshohe* — est une des plus belles choses qu'il y ait en Allemagne. Le parc nous montre une série de paysages comme la nature les dessine, quand elle veut humilier nos fabricants de jardins artificiels. Il est vrai que la nature du Nord sert admirablement le génie de l'homme, si elle l'adopte comme un collaborateur digne d'elle. On emploie une journée à la station de Cassel, et la curiosité est satisfaite ; il faudrait y passer deux semaines pour voir et revoir, mais l'été, malheureusement fort court, ne permet pas un séjour trop long dans les localités les plus intéressantes, lorsque Berlin et Potsdam sont le but du voyage. Il faut au moins un mois de station au voyageur dans la belle capitale de la Prusse et les domaines du grand Frédéric.

IV

LA VILHELMA

L'automne est le véritable été de l'Allemagne ; il n'y a pas ces intermittences de pluie et de soleil, qui rendent parfois les excursions de plaisir fort peu amusantes. Le beau fixe commence en septembre, et le thermomètre s'élève alors à un degré inconnu pendant la saison qui devrait être chaude. Les savants n'ont pas encore expliqué cette anomalie atmosphérique, et quand ils l'expliqueront, nous la comprendrons beaucoup moins.

Nous nous promenions, en automne dernier, à travers duchés, sans trop savoir où nous allions ; le ciel était pur, l'air tiède, la prairie verte, le paysage ravissant; ombre et soleil, tout était doux. On nous disait :

— Voici à droite un vieux couvent très-curieux.

Nous descendions du wagon, et nous allions voir le couvent. On nous disait :

— Voilà une belle mine.

Nous allions voir la mine : On nous disait —Voilà une ville déserte; et nous allions voir la ville déserte. Il y a des stations partout, et le système des convois du Wurtenberg, où nous étions, favorise on ne peut mieux ce vagabondage de descente et de rentrées. Les wagons sont d'une longueur démesurée, et sont partagés, d'un extrémité à l'autre, par une espèce de rue, sur laquelle on peut se promener à l'aise. Entre deux wagons, s'arrondit une terrasse en fonte, et à ciel ouvert, avec un escalier qui descend à niveau du rail. On peut de là regarder la campagne, comme du haut d'un balcon, sans que rien ne gêne la vue, et si la fantaisie de descendre vous prend, rien n'est plus facile, à l'approche d'une station, quand le mouvement se ralentit. Il n'y a point de porte à ouvrir ni à refermer; on ne dérange personne. Le voyage n'existe plus, avec sa signification antique; on s'est promené tout un jour, et on a fait cinquante lieues. Si cet admirable système de wagons-rues était introduit en France, tous les gens riches se promèneraient du Havre à Strasbourg, et de Marseille à Paris, au lieu de se promener dans leurs salons.

Faisant ainsi l'école buissonnière, à droite et à gauche, nous arrivâmes à Stuttgart. Le débarcadère est au centre de la ville, à quelques pas du théâtre et du palais du roi. Ainsi, en descendant de wagon, l'œil découvre tout de suite une ville charmante, une exquise miniature de capitale; notre place de la Concorde, mais ombragée de beaux arbres; un édifice immense, avec de belles colonnades; la magnifique résidence du roi, les vieilles tourelles du château ducal, et une rue superbe, qui se perd à l'horizon. L'hôtel Marquart, situé à côté de la gare, domine ces perspectives, et il doit à sa position la faveur dont il jouit auprès des étrangers. Maître et domestiques, tout le monde y parle français; l'hospitalité y est charmante et digne de la vieille Allemagne; on y trouve même des lits parisiens, qui ne sont pas somnofuges, chose rare sur les bords du Rhin, où le basalte et le porphyre sont si abondants qu'ils entrent quelquefois dans la confection des matelas, ce qui est fort dur à l'épiderme des voyageurs.

Six heures sonnaient, et M. Marquart me dit :

— Voulez-vous aller au théâtre? On donne la première représentation de *Guillaume d'Orange*, opéra en cinq actes, de M. Eckert, maître de chapelle du roi.

On commençait à six heures, et on devait finir à neuf, l'heure du souper à Stuttgart. J'ai pour principe de me conformer à tous les usages des pays où je me trouve, et de ne jamais paraître étonné de ne pas rencontrer chez l'étranger tout ce qu'on fait chez nous. Je manifestai donc le désir de me rendre au théâtre. Aussitôt, le *land-lord* me donna une loge de première, et voulut bien m'accompagner. C'est la civilisation de l'hôtellerie arrivée à son plus haut degré. La terre sera un paradis sur lequel il faudra se promener toute sa vie en wagon, lorsqu'il n'y aura aux gares des villes que des hôtels Marquart. Encore un détail pour n'y plus revenir.

La réputation des serviettes et des drap d'alcôve est faite depuis longtemps en Allemagne, et le voyageur est toujours surpris de voir que, dans un pays où la toile est à si bon marché, on trouve une si grande lésinerie dans ces deux objets d'utilité première, à table et au lit. Jamais on ne pourra expliquer le mystère allemand qui peut se résumer en ce quatrain, que j'ai écrit sur le mur d'un hôtel à Cologne :

> Aux bords du Rhin tu trouveras
> Pour la table et pour les couchettes
> Des serviettes comme des draps,
> Et des draps comme des serviettes.

Victor Hugo a fait la même observation, dans son beau voyage sur le Rhin, et toutes les plaintes n'ont abouti à rien. Les hôteliers interrogés répondent par l'éternel refrain de la routine : — *Ah! c'est ainsi!* Eh bien, ce n'est pas ainsi à l'hôtel Marquart de Stuttgart. Serviettes et draps ont leurs raisonnables et universelles proportions.

Le théâtre de Stuttgart est très-beau, et peut contenir deux mille personnes. Le parterre est immense, et les femmes les plus élégantes y sont admises, elles y sont même en grande majorité. Les premiers sujets de l'opéra sont des talents hors ligne; l'orchestre est excellent; le corps de ballet compte autant de danseuses que celui de notre Opéra. Les chœurs méritent un éloge à part.

En France, les chœurs sont des buffets d'orgues, rangés sur deux lignes, et célébrant toujours quelque chose, avec une immobilité distraite... Ils sont engagés pour célébrer, et non pour se mêler en action. Dans *Guillaume Tell*, ils *célèbrent* pendant un quart d'heure *le travail, l'hymen et l'amour*, mais on ne peut rien obtenir de plus de leur dévouement. Ils ne sont pas payés pour faire davantage. S'ils avaient des appointements de troisième ténor, ils lèveraient les mains aux cieux ; ils menaceraient les tyrans, dont tous nos opéras abondent ; ils prendraient la peine de frémir de terreur et d'effroi ; ils demanderaient, *quel est ce mystère?* avec des mines soucieuses ; mais l'exiguité des honoraires ne leur permet pas de s'échauffer comme un ténor de cinquante mille francs.

Les chœurs sont beaucoup moins payés que chez nous, en Allemagne, mais l'amour de l'art l'emporte chez eux sur la considération de l'appointement ; il faut les voir s'agiter comme un seul homme et une seule femme, et dans la juste mesure de leur emploi subalterne ; car si leur zèle les emportait trop loin, ils seraient ridicules. Ils ont même résolu un problème, car ils brisent l'alignement symétrique et chantent très-juste, sans avoir besoin de sentir le coude à gauche ; la *mêlée* ne produit jamais un désaccord, aussi l'effet produit est immense ; on applaudit le chœur avec enthousiasme, comme un premier sujet.

Je voulus savoir ce que gagnait le premier ténor, qui a une fort belle voix et chante fort bien ; j'appris qu'on lui donnait *quatre mille florins* par an, à peu près huit mille francs ; je témoignai ma profonde surprise, comme membre du public français.

« Chez nous, dis-je, ce ténor gagnerait dix fois davantage. — Oui, me dit mon interlocuteur, les ténors chantent huit ans au plus, et ravagés par le *si bémol,* l'*ut dièze,* l'*ut de poitrine,* et autres tigres des amphithéâtres lyriques, ils se retirent à Asnières, et vivent de leurs rentes gagnées au péril de leurs jours, dans l'apoplexie de *Dieu secourable* des *Huguenots,* et autres exercices de clown lyrique et de crieur public. Chez nous, comme chez vous, grâce au progrès de la musique, le tapage nocturne n'étant plus défendu par la loi, nos ténors sont exposés aux mêmes monstres de la gamme ; depuis le Colisée de Titus, il faut toujours qu'il y ait des chrétiens livrés aux bêtes, pour amuser la galerie. Mais, chez nous, le ténor qui gagne huit mille francs les gagnera toute sa vie, vécût-il un siècle. S'il est foudroyé aphoniquement par le *Dieu secourable*, il quitte le théâtre, et va pêcher des truites aux bords enchantés du Neckar, avec ses éternels huit mille francs de rente, lesquels représentent vingt mille francs de Paris. »

Nous causions ainsi pendant les entr'actes de *Guillaume d'Orange*, car à ce théâtre lyrique de Stuttgart, le public ne parle pas lorsque les artistes chantent. L'opéra de M. Eckert a obtenu un grand succès. Le jeune compositeur est un musicien de la meilleure école, il sait admirablement écrire pour les voix, et il connaît en vrai maître allemand tous les secrets de l'orchestration.

En sortant du théâtre, nous avions déjà beaucoup de vieux amis à Stuttgart, et entr'autres les frères Halberg qui sont à la tête du mouvement littéraire et artistiques de ce beau royaume de Wurtemberg. Nous devons de bien douces heures de promenade et de causerie à ces charmants et spirituels confrères d'outre-Rhin.

Stuttgart a pris en Allemagne une importance énorme, sous le règne du roi Guillaume, le monarque régnant. Elle est admirablement située sur le Neckar, fleuve charmant qui coule vers Heidelberg et va réjouir des ruines merveilleuses. De belles montagnes, couvertes de vignobles et de sapins, couronnent étroitement cette miniature de la capitale, et semblent la protéger comme des remparts naturels. Il y a de très-beaux édifices anciens et modernes, parmi lesquels il faut citer la *Stiftskirche*, curieuse église gothique, qui date de 1436; l'ancien château ducal, flanqué de grosses tours, et dont la cour intérieure est très-remarquable par son architecture fantasque; le château neuf, achevé en 1806, bel édifice, qui se déploie devant la grande place, et communique par une aile au théâtre et par sa façade orientale au parc royal, une des plus charmantes promenades de l'Europe, et toute décorée de statues de marbre. Les allées conduisent à la ville de Cannstadt, localité thermale où les étrangers viennent prendre les eaux. Cannstadt est comme le faubourg de Stuttgart.

C'est là que nous avons assisté à une fête annuelle nommée : *la fête du roi et du peuple,* on pourrait ajouter : la *fête de l'agriculture*. On avait construit un cirque pouvant contenir trois cent mille spectateurs; un arc de triomphe, artistiquement construit avec des fruits et des fleurs naturels, servait de porte d'entrée, un élégant pavillon était réservé au roi, à la cour et aux grands fonctionnaires. Le roi Guillaume, très-vert encore, malgré ses quatre-vingt-deux ans, est arrivé à cheval, et trois cent mille voix l'ont salué avec enthousiasme. La musique, qui ne se tait jamais en Allemagne, et qui est sa voix naturelle, exécutait ses fanfares, et les mêlait aux acclamations du peuple; un temps magnifique favorisait cette solennité. Le roi a distribué les prix aux vainqueurs des concours agricoles, et aux éleveurs; chaque nom prononcé du haut d'une tribune était suivi d'une fanfare et faisait battre le cœur des familles de villageois, accourus pour assister à leurs triomphes ou aux triomphes de leurs parents et de leurs amis. Rien de plus touchant que cette fête de septembre, encadrée par les paysages toujours si bien dessinés par la nature allemande. On voyait dans le voisinage le champ de foire de Cannstadt; une large et interminable rue de barraques où deux cent mille curieux se pressent en bon ordre; où plusieurs centaines de cabarets improvisés ne suffisent pas à la multitude des consommateurs de bière; où les aboyeurs des spectacles forains, perchés sur des tréteaux, annoncent tous les phénomènes de l'univers : les géants, les nains, les veaux à deux têtes, les sirènes, les évêques de mer, les magiciens, les avaleurs de sabres, les dompteurs de lions, les Hercules du Nord, les sauvages de Paris, les danseurs de corde, les chiens savants, les musées de cire, enfin toutes les merveilles que les industriels de la bohème inventent pour avoir un prétexte de prendre dix centimes à un passant trop curieux dans sa crédulité. Notre foire des Loges, à Saint-Germain, n'est qu'un désert silencieux auprès de cette fête populaire de Cannstadt et de Stuttgart. Nous avons aperçu, parmi la foule, M. Danrémont, notre ministre à la cour de Wurtenberg; il paraissait prendre un vif plaisir à la fête du peuple et du roi.

J'aime à me promener à l'aventure dans les villes que je visite pour la première fois, et tout m'intéresse au milieu de ce monde que je traverse et que je ne reverrai plus. Au moindre caprice, j'entre dans une boutique, non pas pour acheter une chose inutile, car en voyage, tout est un embarras pour moi, Bias est mon patron, mais pour examiner un intérieur tout à fait inconnu, et causer un instant avec des étrangers, à propos d'un objet de vente dont je n'ai pas besoin. Cette manie de voyageur curieux m'a donné d'étranges soucis à Stuttgart. On aurait dit que tous les marchands s'étaient donné le mot pour me dire la même chose. C'était irritant.

Reconnu comme Français, j'étais toujours obligé de répondre à cette interrogation :

— Comment trouvez-vous Stuttgart ?

— Une ville ravissante. Et je parlais sans flatterie ; et un instant après le marchand m'adressait cette demande :

— Avez-vous vu la Wilhelma ?

Je répondais non, et il ajoutait :

— Ah ! monsieur, vous n'avez rien à Paris d'aussi beau, votre empereur l'a dit.

Alors j'ajoutai, moi :

— Et peut-on voir la Wilhelma?

— Oh ! non, monsieur, c'est impossible ; le roi ne l'a montrée qu'à l'empereur.

Dans une autre boutique, je subissais les mêmes questions, et je donnais les mêmes réponses, à quelques variantes près.

Déjà j'avais acheté six inutilités, causé avec six marchands, et engagé six dialogues de ce genre, lorsque j'entrai dans une septième boutique, à Konigsstrasse, une très-belle rue, pour acheter des cigares utiles.

Le marchand était au milieu de sa famille, et pendant que je faisais mon choix, il entonna le refrain de ses confrères, et termina par l'inévitable :

Avez-vous vu la Wilhelma?

Sur ma réponse négative, il me dit tristement :

— Et moi aussi, monsieur, je ne l'ai pas vue, cette merveille du monde ; et ma femme, et mes enfants ne la verront peut-être jamais.

Toute la famille secoua la tête, et prit une pose mélancolique. Ce tableau d'intérieur m'attendrit.

— Il est donc vraiment impossible de voir cette merveilleuse Wilhelma? demandai-je au marchand.

— Oh! monsieur, tout ce qu'il y a de plus impossible.

— Alors, pourquoi me demandez-vous si je l'ai vue?

— Pour en parler, monsieur, cela console ; lorsque nous en parlons beaucoup, avec ma femme, il me semble que nous la voyons un peu. Votre empereur a été plus heureux ; il a dit que...

— Oui, interrompis-je, voilà dix fois que j'entends répéter la même chose sur la Wilhelma.

— Tenez, monsieur, me dit le marchand, lisez ce

que dit le guide allemand de Baedeker, sur la Wilhelma, page 294...

Je pris le guide et je lus, à la ligne 6 de cette page: *Ce palais, connu sous le nom de Wilhelma, est inaccessible au public.*

Je me souvins alors d'un trait d'audace qui m'avait réussi devant un gardien : on restaurait la Sainte-Chapelle, et le chantier était défendu par une palissade de bois, sur laquelle on lisait : *Le public n'entre pas ici.* J'entrai hardiment de l'air d'un homme qui est dans son droit de visiteur, et le gardien m'arrêta au passage, en me montrant l'écriteau prohibitif.

— Eh bien, lui dis-je, je ne suis pas le public, moi, et j'entre. Le gardien s'inclina, et je visitai l'auguste monument de saint Louis.

Je résolus donc d'employer le même procédé pour voir cette invisible Wilhelma, mais je compris ensuite qu'une chose permise à Paris est défendue en terre étrangère à un Français, et je me décidai pour un autre moyen.

J'écrivis à S. M. le roi Guillaume une humble supplique, demandant l'insigne faveur de voir la Wilhelma, cette merveille de Stuttgart.

Après une heure d'attente, je reçus la réponse et l'autorisation.

J'avais le choix de mes compagnons de visite ; mais les convenances me disaient qu'ils ne devaient pas être nombreux. Je m'adjoignis donc deux bons amis, Charles Lallemand, qui sait si bien dessiner au vol un paysage ou un monument, et Ernest Reyer, le jeune et déjà célèbre auteur de *la Statue* et d'*Erostrate*. Nous partîmes, le cœur plein de joie, et par un temps magnifique ; Stuttgart se montrait hospitalière pour nous, même dans son ciel.

L'invisible merveille est située au bout du parc royal ; c'est une promenade.

Le concierge parut d'abord étonné en nous voyant franchir le seuil de la première enceinte ; je lui montrai ma carte ; il s'inclina, nous prenant pour de hauts personnages, voyageant incognito pour éviter les acclamations.

J'ai vu de bien belles choses dans ma vie de voyages, mais je n'ai rien vu de plus charmant, de plus gracieux, de plus poétique, de plus habitable que la Wilhelma. Les jardins n'ont rien de pompeux, mais sont dessinés avec un goût exquis, et sans affecter la moindre prétention aristocratique. Les statues et les arbres séculaires n'y jouent aucun rôle orgueilleux ; c'est un *buen retiro* de reine orientale qui aime une simplicité de bon goût, dans la distribution des treilles, des quinconces, des parterres, des fontaines, des bassins. On est mieux qu'étonné, on est charmé ; c'est la grâce appliquée à l'art des jardins. Nous parlerons des serres plus bas.

Nous entrons dans l'enceinte de la Wilhelma ; le gardien nous ouvre la porte de la grande salle, et nous regarde pour juger de l'effet produit. Nous la saluons par un cri d'admiration en trio. C'est la plus émouvante curiosité de cette villa mauresque, de cet Alhambra rebâti par un roi poëte, le roi régnant. Nous craignons d'avancer, avec nos costumes absurdes, dans cette salle faite pour des califes, et ornée par les génies des Mille et une Nuits, toute la poésie des artistes de Grenade éclate sur ces lambris, et sur ces murs ; toutes les adorables fantaisies des rêves d'Orient y sont matérialisées avec une perfection de détails inouïe. Cet harmonieux ensemble ne paraît pas être sorti, l'autre jour, d'un chantier d'artistes contemporains ; on croirait volontiers que les artistes de l'Alhambra visitant l'Allemagne, ont voulu laisser à Stuttgart un spécimen des merveilles de Grenade, et que de siècle en siècle on a donné tant de soins de conservation au moresque édifice qu'il est encore aujourd'hui dans sa fraîcheur des premiers jours. L'imitation la mieux rendue se trahit souvent par de certaines défaillances de goût et de style ; ici, nulle trace de copie et de tâtonnement ; tout revêt l'empreinte saisissante de l'originalité ; ces vitraux peints, ces ogives à trèfles, ces colonnettes gracieuses, ces voussures bysantines, ces murs enluminés, ces éclaircies lumineuses, ces réduits crépusculaires, semblent avoir été créés sur les bords du Neckar, par un génie novateur, qui s'insurgeait contre l'autorité de Vitruve, et apportait de l'Orient la poétique architecture des célestes visions.

La fantaisie moresque continue son œuvre dans toutes les autres partie du palais, il y a de charmants réduits qu'on n'ose appeler salons ou appartements, car les dénominations bourgeoises ne peuvent leur convenir: il y en a qui sont éclairés mystérieusement par le haut, et laissent leurs angles dans une ombre douce ; il y a des galeries basses, qui ressemblent à des promenoirs de harem ; des salles de bains à l'orientale, des rotondes à coupoles, avec des gerbes d'eau tombant sur des vasques de marbre vert. C'est une succession continuelle d'enchantements pour le regard, la pensée, la rêverie; c'est un monde nouveau plein de sourires ou de gravité, un monde qui se révèle au visiteur avec une grâce exquise, et n'a pas l'air de connaître les pompeux ennuis de ces Olympes d'or et de marbre classiquement bâtis pour les rois. Une ceinture de fleurs entoure la merveille moresque, et lui envoie les parfums de toutes les flores de l'univers. Les serres de la Wilhelma n'ont pas d'égales au monde : toutes les zônes y ont apporté leur contingent embaumé ; c'est la plus complète collection de toutes les richesses végétales des tropiques, de tous les odorants caprices de la nature et du soleil. La vie de ces fleurs anime ces jardins silencieux, et leur donne un peuple charmant ; on se promène avec délices sous ces longues voûtes de verdure, où se croisent les larges feuilles des lataniers avec les éventails de verdure qui flottent sur les magnolias. Par intervalles une surprise vous arrête, au milieu de la double haie des fleurs et des arbustes qui sont les tapisseries de ces corridors embaumés ; c'est une fontaine qui réjouit de son murmure la solitude ; c'est une gerbe d'eau vive qui s'épanche en rosée sur les fleurs ; c'est une volière où chantent tous les oiseaux mélodieux ;

c'est un bassin où nagent des poissons et des oiseaux aquatiques ; c'est une rocaille mousseuse qui fait penser aux forêts vierges et aux zônes splendides où naquirent ces arbres et ces fleurs, où chantent les oiseaux d'émeraude, de rubis, d'écarlate et d'or ; où s'amoncellent, dans une insouciance adorable, tant de richesse végétales, dont les secrets sont encore inconnus, et qui seront peut-être un jour des trésors de guérison pour les maux de l'humanité.

En sortant des serres, on monte au belvédère de la Wilhelma par une pente douce bordée de fontaines et de fleurs ; au sommet, on découvre un horizon immense, un admirable paysage ; à droite, Stuttgart, dans sa bordure de montagnes ; le parc immense qui, à cette distance, ressemble à une forêt vierge ; en face, la jolie ville de Cannstadt, assise sur les berges du Neckart ; plus loin, une série de collines vertes, aux molles inflexions ; et aux limites du tableau, les cimes vaporeuses de l'Alpe souabe. On a passé cinq heures dans ce merveilleux domaine, et on le quitte avec regret, comme si on ne l'avait qu'entrevu ; c'est alors qu'il est facile de comprendre le motif de la défense et de l'interdiction, qui élève une barrière autour de la Wilhelma. S'il était permis à tout le monde de mettre les mains et les pieds sur ce bijou sans prix, on autoriserait sa dévastation insensible et trop progressive ; il faudrait pouvoir le mettre sous cloche, comme on l'a dit du campanile de Giotto, ce bijou florentin. Quant à nous, j'ose l'affirmer, nous avons marché avec un religieux respect dans ces salles, ces jardins, ces serres, en retenant nos mains toujours tentées de toucher tant de choses féeriques pour nous assurer de leur réalité humaine, toujours tendues, par faiblesse de botaniste, vers ces fleurs attrayantes qu'il serait si doux de cueillir ; j'ai même résisté au bonheur de toucher un *stanhopea tigrata*, que je connaissais de réputation, par les gravures de la Flore indienne, et qui me paraissait une fleur inventée par les botanistes anglais. La seule chose qu'il m'a été permis d'emporter de la Wilhelma, mais avec autorisation du gardien, c'est une crête de *gynorium argenteum*, cueillie bien loin des serres, et en pleine campagne, dans le verger. Cette relique végétale ressemble à une plume d'argent tombée du turban d'un émir.

Le soir de ce jour, nous étions invités, comme visiteurs privilégiés de la Wilhelma invisible, à un festin anniversaire de mille couverts, qui se donnait en l'honneur du peuple et du roi ; il faut dire que cette fête dure huit jours. Toutes les classes de la société sont admises à ce festin ; chacun a le droit de souscrire, et il en résulte une fraternelle et cordiale aggrégation de convives de tout rang. La noblesse y coudoie la roture ; les excellents vins de Stuttgart y coulent pour tout le monde ; le soleil qui les colora n'a point fait de distinction, et chacun se conforme à l'opinion du soleil.

La table est dressée dans une immense salle, au premier étage de l'immense édifice à colonnades qui s'étend sur toute la longueur de la place du château royal. Nous étions trois Français, perdus au milieu de la foule, et certes, nous n'avons eu qu'à nous louer de l'hospitalité reçue ; les meilleures places ont été pour nous, et nous avons pu jouir tout à notre aise d'un spectacle si curieux et si nouveau pour des étrangers. Elle remonte bien haut l'origine de ces agapes de l'égalité chrétienne, de ces banquets libres où les rangs se confondent ! Ces coutumes de la vieille Germanie, héritière de Rome, ont corrigé ce qu'avaient d'excessif et de payen les fêtes de Saturne ; il y avait encore pendant ces ides, où l'on invitait à profiter de la liberté de Décembre, *utere libertate Decembri*, il y avait encore servitude du côté des maîtres, puisqu'ils obéissaient à leurs domestiques. Le sentiment chrétien fut bien plus humain, dans les agapes des premiers temps évangéliques : et il fit renaître les mœurs du véritable âge d'or, qui s'étaient corrompues depuis le règne de Saturne et de Rhée. Il existe ainsi, en Allemagne, plusieurs usages et coutumes qui sont des traditions romaines modifiées par le christianisme ; ainsi, en profitant de la liberté des parenthèses, liberté du voyageur vagabond, qui écrit comme il voyage, j'ai remarqué à Stuttgart un usage légué par Germanicus, et je soumets ma découverte aux savants du pays, bien plus instruits que moi en pareille matière. Je sortais de l'hôtel Marquart, au lever du soleil, pour visiter la ville ; l'heure sonna au vieux clocher gothique qui domine la place du château, et au même instant, une fanfare d'instruments de cuivre accompagna la sonnerie avec un charme de mélodie inexprimable. Dans les premiers temps, cette fanfare ne devait retentir, je crois, qu'au lever du soleil, mais la chose ayant été trouvée charmante dans une ville de musiciens, on a confié à des virtuoses aériens le soin d'exécuter leur fanfare à toutes les heures du jour, *duodecim repetita placent*. On sait qu'à la première heure les clairons romains sonnaient l'hymne de Diane, usage qui a donné le nom de la *diane* à la batterie matinale de nos tambours. Il n'y a pas d'étymologie plus claire, je crois.

Or, les Allemands, qui ont perfectionné les clairons de Germanicus, ont conservé ce mélodieux adieu à l'astre des nuits, et le christianisme arrivant, la fanfare religieuse du point du jour retentit aux cimes des clochers, non plus en l'honneur de Diane, mais à la gloire de Dieu. Si je me trompe, mon erreur ne fera de mal à personne ; on ne peut en dire autant de toutes les erreurs.

En Allemagne, dit on, la musique est dans l'air. A Stuttgart, on a trouvé le moyen de lui faire sonner l'heure, en l'élevant à trois cents pieds au-dessus du niveau des trottoirs. Elle habite beaucoup la terre aussi, et ce n'est pas moi qui m'en plaindrai. Quand la musique sera la passion de l'univers, les canons se tairont, car ils chantent faux, et ne sont que l'intolérable orchestre d'un charivari homicide. En entrant dans la salle du festin de mille couverts, un de mes nouveaux amis me fit cette question :

— Avez-vous entendu la musique du régiment de Benedeck?

— Oui, lui dis-je; ce beau régiment a tenu garnison à Radstadt, et son orchestre militaire faisait la joie de la contrée badoise. Je n'ai jamais rien entendu de plus émouvant que cette musique exécutant le finale de *Lucie*. C'était la perfection.

— Eh bien, me dit-il, vous allez entendre la musique du régiment du baron Vernhart, dont le maître de chapelle est M. Jeschko, un compositeur des plus distingués. Nous avons fait venir cette musique de Mayence, pour notre fête de huit jours, et nous payons son voyage cinq mille florins, environ dix mille francs. Vous entendrez chanter une digne sœur de Benedeck.

Ainsi, voilà une petite ville de soixante mille âmes qui se donne le plaisir de payer dix mille francs un orchestre qu'il fait venir de Mayence par le chemin de fer; cent musiciens! Tout un convoi d'exécutants !

Il y avait mille convives à ce festin babylonien, et deux mille spectateurs qui ne dînaient pas. Le service était fait avec un ordre admirable par le restaurant de la *Colonnade* ; on parlait peu, on buvait beaucoup, mais le meilleur plat était la musique du régiment de Mayence, qui, du potage au café, a épuisé tous les répertoires connus et inconnus, au milieu d'applaudissements frénétiques. Le succès du maître de chapelle Jeschko a été immense ; il conduit son armée de musiciens, sans pupitre, sans partition, et avec une énergie calme qui impose. On pense bien que Wagner n'a pas été oublié dans cette exhibition de toutes les musiques et de tous les musiciens ; après la marche du *Tanhauser*, très-bien exécutée, et couverte de bravos enthousiastes, il s'est fait un silence assez long, et mon voisin de table en a profité pour me dire, sur un ton lamentable :

— Ah ! monsieur, quelle faute votre intelligent Paris a commise le jour où il a sifflé ce chef-d'œuvre de Wagner !

Mon devoir était de défendre Paris sur la terre étrangère, et ma tâche était facile.

— Monsieur, ai-je répondu, Paris n'a pas sifflé le *Tanhauser* ; c'est une erreur trop répandue en Allemagne, et voilà dix fois au moins que je me vois forcé de disculper Paris.

— Comment ! dit mon voisin stupéfait, le *Tan-*

hauser n'a pas été sifflé sur votre théâtre de l'Opéra?

— Encore une fois, non, repris-je; écoutez.

On fit cercle autour de nous. Les spectateurs descendaient des estrades voisines; ils avaient entendu prononcer le nom du grand Wagner.

— M. Wagner, repris-je, a commis une grande faute, en arrivant à Paris; il a publié un livre dans lequel il a insinué trop clairement que la musique était toute dans l'avenir, et assez peu dans le passé; que certains maîtres, entourés de l'estime universelle, ne méritaient guères cette faveur; que l'orchestre des maîtres italiens n'était qu'une immense guitare d'accompagnement, et qu'enfin il était temps de voir éclore au soleil du lustre la véritable musique, la musique de l'avenir. Cette théorie iconoclaste a fait grand bruit; les commentateurs en ont même exagéré l'idée paradoxale en la racontant à ceux qui n'avaient pas lu le livre, et, l'irritation étant au comble, on a sifflé à l'Opéra la théorie de M. Wagner, mais non pas le *Tanhauser*, qui n'a pas été entendu. Si M. Wagner, compositeur d'un talent hors ligne, n'avait pas publié de livre avant de donner son œuvre, on aurait écouté le *Tanhauser*, on aurait rendu justice aux grandes beautés qu'il renferme, et il serait au répertoire aujourd'hui. Paris est le meilleur enfant du monde; il ne connaît ni l'envie, ni la jalousie, ni l'exclusion. Jamais il ne demande à un musicien : D'où venez-vous? Est-ce du Rhin ou des Alpes? Cela lui est bien égal. Si l'étranger a du talent, Paris l'applaudit et l'adopte, et souvent même au préjudice de ses enfants. Quatre étrangers occupent seuls aujourd'hui, par monopole, la scène de l'Opéra : Rossini, Meyerbeer, Donizetti et Verdi. Auber, le Parisien, a vu tomber dans l'oubli son *Enfant prodigue* et son *Gustave III,* et il négocie depuis vingt ans pour faire reprendre sa *Muette de Portici.* Si Auber était Allemand ou Italien, on le jouerait encore une fois par semaine, au moins. Il n'y a rien à répondre à cela. Les faits et les affiches parlent haut. Notre Opéra est le théâtre des étrangers.

M. Jeschko s'avança sur l'estrade, son petit bâton de maître à la main, et l'orchestre attaqua le sublime sextuor final du *Freyschütz.* Mon voisin me fit un signe d'approbation, et blâma la publication du livre de Wagner.

Ce soir-là, Stuttgart oublia de souper. Ceux qui n'avaient pu trouver place dans la salle, et ils étaient fort nombreux, stationnaient sous la longue colonnade et sur la place, pour entendre la musique du régiment de Mayence, et si les exécutants n'eussent pas été accablés de lassitude, le concert se serait prolongé jusqu'au jour, et Stuttgart oubliait de s'endormir. La nuit était tiède comme au solstice de juin ; la fraîcheur des fontaines et des arbres voisins avaient même un charme qu'on recherche rarement en automne, à minuit.

Les fêtes et les concerts perpétuels nous avaient fait négliger les établissements publics, les musées, les résidences royales, et autres choses curieuses que possède Stuttgart. Dès que le calme fut rétabli, nous n'avons pas voulu nous contenter de nos émotions de la Wilhelma, et nous avons voulu tout voir.

Nous avons fait nos dévotions au monument de Schiller, élevé sur une place, devant une vieille église gothique. Ce grand poëte, né à Marbarch, dans le voisinage de Stuttgart, a fait ses études dans cette ville, dont il est pour ainsi dire l'enfant bien-aimé. Sa statue, qui est l'œuvre de Thorwaldsen, est fort belle ; elle pense et fait penser, comme le guerrier de Michel-Ange, à la chapelle funèbre des Médicis.

Le musée des beaux-arts mérite d'être visité, car il abonde en belles œuvres, entre autres celles de Thorwaldsen et de Dannecker; une Nymphe de Schwanthaler; les Grâces de Canova; les victoires de Rauck; des tableaux de Giovani Bellini, du Titien, du Tintoretto, de Jules Romain, de Paul Véronèse, du Caravage, de Carlo Dolce, de Rembrandt, d'André del Sarto, de Léonard de Vinci, de Van Dyck, de Zurbaran, de Murillo, de Velasquez, d'Holbein, de Rubens, de Guido Reni, de fra Bartolomeo, et autres maîtres de toutes les écoles et de tous les pays. C'est un riche musée, comme on voit, et qui révèle le goût éclairé du roi et sa haute protection aux arts. La bibliothèque publique contient trois cent mille volumes et 8544 Bibles en toutes langues, collection sans égale au monde. Dans le cabinet des médailles, on voit de précieux débris antiques d'origine romaine, trouvés dans des fouilles aux environs de Stuttgart. Le cabinet d'histoire possède un trésor fossile des plus curieux : c'est une mâchoire de mammouth trouvée près de Cannstadt, et mieux conservée que la mâchoire du même monstre anté-diluvien trouvée dans les carrières de Maestricht. Le musée zoologique nous montre une collection de plus de mille animaux empaillés, et groupés avec un art qui est un prodige d'exécution. Jamais le procédé taxidermique n'a reproduit le mouvement et la vie avec une plus merveilleuse fidélité. Au sommet de la montagne qui domine le Neckar, on peut visiter une villa royale, bâtie par Leins, et qui mérite bien d'être vue et admirée après la Wilhelma. Les amateurs de l'art hippique ne manquent jamais de visiter les écuries royales, dont la réputation est européenne; elles sont contiguës au château royal.

Le roi régnant est adoré de son peuple, et il mérite cette affection, car il a consacré sa longue vie au bonheur de son royaume : il vit au milieu de ses sujets comme un père au milieu de sa famille; ses ministres, choisis dans les classes inférieures de la société, en connaissent les besoins et peuvent en parler avec connaissance de cause; sa bonté naturelle le dirige toujours vers le bien; c'est son meilleur conseiller. Sous son règne les arts fleurissent, le commerce s'agrandit, l'industrie prend un essor immense, le bien-être s'étend partout. Rien n'annonce la misère à Stuttgart, tout y respire l'aisance. En d'autres pays d'Allemagne, j'ai vu des villages d'un aspect sordide, avec des masures lézardées et un peuple d'enfants en guenilles. Autour de Stuttgart, je n'ai traversé, dans mes promenades, que des villages bien bâtis et animés par de joyeuses figures d'enfants, avec le teint de la santé. Il faut dire aussi que la campagne est magnifique dans sa pompe nourricière. Le vin le plus généreux coule à flots sur les montagnes, les prairies sont de gras pâturages, les plaines sont des jardins et des vergers qui donnent tout aux agriculteurs. L'impulsion donnée à la charrue par la main du roi, il y a un demi-siècle, a porté ses fruits. Chaque pouce de terre a reçu un germe fécond, et rien n'a été perdu de tout ce que Dieu a donné à l'homme pour le nourrir. Un charme nouveau, le charme de la civilisation, la locomotive, est venue ensuite sillonner ces belles campagnes et mêler sa fumée à la fumée des chaumières. Le rail des chemins de fer fait rayonner ses lignes sur les prairies, et favorise un rapide échange de produits entre les États voisins, comme avec les pays les plus éloignés; c'est le sillon du commerce dans le sillon des épis. Aussi Stuttgart est sorti de sa vieille léthargie ducale; ce n'est plus la cité somnolente de Frédérick et d'Alexandre, la ville qui se laissait déshériter par sa voisine Louisbourg; c'est la ville du siècle, du progrès et de l'avenir, elle se met au niveau des grandes capitales par la beauté de ses monuments, le luxe de ses bazars, la splendeur de son théâtre lyrique, l'assainissement de ses rues, la majesté de ses promenades, le confort de ses hôtelleries ; elle suit avec intelligence ce mouvement nouveau qui emporte les villes d'Europe vers de meilleures destinées, et comme elle n'a point de rivaux jaloux, de conquêtes à faire, elle jouit de la douce quiétude du présent, et ne conçoit aucune crainte pour son brillant avenir.

V

LES CHATEAUX DE RIBEAUPIERRE

On ne sait que faire du beau temps à Paris, et aucune ville du monde ne vous offre autant de compensations agréables pour supporter les températures ennuyeuses, et nous faire croire que le lustre du salon est le frère aîné du soleil du ciel. Or, en dînant au célèbre hôtel de Diemer, j'entendis parler avec enthousiasme des ruines de Ribeauvillé, et, pour éviter l'inutile beau temps de Paris, je me mis en wagon pour visiter l'Alsace rhénane, cette belle Allemagne française, la plus riche province que la conquête ait mise sous notre drapeau.

A la station de Ribeauvillé, je m'arrêtai pour voir ces fameuses ruines, que les Alsaciens vantent à l'égal de Heidelberg. La France est un pays peu connu, et si les Anglais ne le découvrent pas et ne burinent pas ses merveilles, comme ils ont fait pour le Bengale, la Chine et Java, nous ne connaîtrons jamais tout ce que notre pays renferme d'admirable, comme paysages et vénérables monuments. Pour moi, j'avoue humblement mon ignorance; je connais la plus obscure des pierres antiques de Rome et la plus petite tour fêlée de l'Allemagne, et je n'avais jamais entendu parler des châteaux de Ribeaupierre et du Hog-Kœnigsbourg.

Ribeauvillé est une modeste ville destinée à grandir, si un tronçon de fer vient la toucher au pied de ses belles montagnes et la relie au chemin de fer de Colmar. Cette localité délicieuse possède tout, excepté la vie; elle a des vignobles supérieurs en qualité à leurs voisins du grand fleuve; le johannisberg même ne vaut pas le vin de Ribeaupierre; elle a des promenades superbes, des prairies grasses, des jardins riches en fruits exquis, des eaux vives, des sources thermales, des torrents canalisables, des vallons merveilleux, des forêts superbes, de grandes usines entretenues par de larges ruisseaux, et, pour tout dire, elle est, m'a-t-on affirmé, très-bien administrée par son maire, M. Saltzmann, ce qui assure à l'avenir de Ribeauvillé tout ce que promet le présent.

A la station de l'omnibus du chemin de fer, on me donna un guide, car un guide est nécessaire pour montrer le chemin des ruines. Ordinairement je refuse toujours de soumettre mon indépendance à ces tyrans d'itinéraire ; j'aime mieux courir la chance de m'égarer; on se retrouve toujours quand on a le soleil pour étoile polaire.

A l'âge des illusions classiques, je m'égarai dans la campagne de Rome, en cherchant le tombeau de ces trois Horaces qui n'ont jamais existé qu'en tragédie, et je n'ai jamais été plus heureux qu'en ce beau jour; je découvris plusieurs choses curieuses dont l'histoire fabuleuse et la fable historique ne parlent pas.

Mais, à Ribeauvillé, le guide étant jusqu'à ce jour une sinécure, faute de voyageurs, je crus devoir faire une exception à mes habitudes, pour encourager un jeune débutant dans ses fonctions honorifiques. Nous nous mîmes en marche, après mon premier *monstra viam sequar*, et nous nous dirigeâmes vers cette échelle de Jacob qui monte presque perpendiculairement aux trois châteaux.

Chemin faisant, mon guide me montra la boutique du boulanger Paris, qui est aussi un pâtissier de génie. Notre capitale appelle en vain cet artiste du four; rien ne peut l'arracher à son beau pays, pas même la fortune; il se contente de concourir aux prix de pâtisserie avec ses confrères de Strasbourg, et il est toujours proclamé vainqueur.

On laisse à droite de la rampe le vieux palais du roi de Bavière, aujourd'hui pensionnat de demoiselles; on traverse de beaux vignobles suspendus en amphithéâtre, dans la plus heureuse des expositions. Insensiblement, le sentier des chèvres devient plus abrupt et passe à l'état sauvage; les chênes nains et les châtaigniers remplacent les vignes; d'énormes roches de basalte surgissent de tous côtés et se suspendent aux lèvres des précipices, comme des géants au désespoir; on grimpe après avoir marché, on escalade après avoir grimpé; à chaque pas, on cherche l'équilibre, comme un funambule novice; le guide offre son bras comme point d'appui et rit sous cape de la gaucherie pédestre des hommes civilisés;

enfin on arrive à la racine du pic prodigieux, éternel piédestal du premier des trois châteaux.

Ici une pause est nécessaire ; on la consacre à maudire ces endiablés seigneurs du moyen âge qui se perchaient dans les nues, pour piller la plaine et remonter impunément avec leur butin, comme leurs modèles les vautours. Notre globe, dans ses éruptions volcaniques ou ses soulèvements convulsifs, a travaillé pour ces messieurs des xiie et xiiie siècles. Si la terre fût restée unie comme une glace, il n'y avait pas de féodalité.

Le fabuliste La Fontaine a écrit ce vers :

Rien ne peut arrêter cet animal grimpant.

Il voulait parler de l'homme en s'adressant à la chèvre. J'ai toujours pris ce vers pour une épigramme personnelle, surtout en faisant l'ascension du premier château de Ribeaupierre, ascension qui arrête les chèvres. Mais au sommet de ce mat de cocagne, le joyau gagné est splendide et fait oublier l'escalade. Le mot de Châteaubriand revient à la mémoire : *une création infinie devant les yeux, un abîme sous les pieds*. On découvre l'Alsace, avec ses plaines, ses montagnes, ses forêts, les plus belles de toutes les richesses, de l'homme : on voit serpenter à l'horizon la ligne lumineuse du Rhin et les gracieuses frontières du duché de Bade ; tout un monde de vie et de lumière, où l'Allemagne et la France confondent leurs magnificences et leurs trésors.

Ce premier château n'est qu'un belvéder de granit, orné d'un mur croulant ; la ruine est en ruines. Le second mérite vraiment une place d'honneur après Heidelberg. L'accès est d'une difficulté presque insurmontable, et parvenu au sommet, il me fut impossible de retenir une exclamation offensante contre la mémoire des seigneurs de Ribeaupierre, branche éteinte heureusement. Alors mon guide me dit avec un admirable sang-froid germanique :

— Mais, monsieur, il y a un autre chemin, là, de l'autre côté ; un chemin très-doux, et les voitures même peuvent y passer.

— Bon ! m'écriai-je, et c'est maintenant que vous me parlez de ce chemin ! quand j'ai semé les lambeaux de mes souliers sur les échelons de cette montagne ! Vous n'êtes pas un guide, vous êtes un égareur !

— Voyez comme cela est beau ! me dit-il avec orgueil.

— Mais ce serait encore plus beau, repris-je, si j'étais arrivé en voiture par l'autre chemin.

Au reste, ce guide était dans son droit ; je le reconnus plus tard. Être ou ne pas être, voilà sa question. Le jour où le voyageur saura qu'on arrive aux trois châteaux avec un cocher, il n'y aura plus de guide : le métier sera perdu.

Ce second château appartient au grand style de l'art bysantin rhénan ; il m'a rappelé Münzenberg, cette merveille si peu connue de la Hesse électorale : ses ruines sont superbes et parfaitement dessinées par le travail de deux siècles. La salle des Chevaliers n'a conservé qu'une bordure de fenêtres ogivales. Le lierre couvre des amas informes qui furent les bastions, les courtines, les créneaux. Une belle tour, très-bien conservée, est encore debout ; elle remplace, comme partout, la signature du conquérant destructeur.

Quant au troisième château, je ne l'ai vu que de loin, et je le ferai photographier l'an prochain. J'en avais assez de deux à ma première ascension. Quelques mots d'histoire maintenant.

Au VIIIe siècle, un gentilhomme nommé Rappoltus, souche des Ribeaupierre, fonda Ribeauvillé et bâtit le premier château. Au xiii⁰ siècle, le village ayant pris les proportions d'une ville, les seigneurs bâtirent les deux autres châteaux. Pendant de longues guerres entretenues avec les voisins, ces trois manoirs ont été souvent pris, repris saccagés, rebâtis. La guerre de Trente Ans leur porta les derniers coups, avec la terrible main de Gustave-Adolphe, le ravageur du Rhin. A la fin du xvi⁰ siècle, on ne voyait déjà plus que des ruines sur les hauteurs historiques de Ribeauvillé. Voici ce que la légende ajoutait : « Deux frères Ribeaupierre habitaient les deux châteaux les plus rapprochés : ils étaient passionnés pour la chasse, et l'aîné de ces Nemrods allemands avait l'habitude de réveiller le cadet en décochant une flèche sur la fenêtre de sa chambre. Un matin le frère dormeur et paresseux se réveilla sans flèche, et voyant le grand jour, il se leva et ouvrit la fenêtre pour voir ce qui se passait sur la plate-forme du château voisin. Le bon frère aîné choisit ce moment pour lancer sa flèche, que l'autre reçut en pleine poitrine, et il s'endormit dans l'éternité. » Ayant examiné le terrain avec beaucoup d'attention, je dois dire, la main sur la conscience, comme un chef de jury, que ce Caïn Ribeaupierre a été calomnié. Dans tous les vieux mensonges historiques, il y a ou une flèche ou une pomme. La distance qui sépare les deux châteaux absout l'accusé.

P. S. Cet article était imprimé lorsqu'un industriel de Ribeauvillé m'a appris, en Allemagne, qu'un chemin nouveau et d'un abord facile a été ouvert sur la montagne, grâces aux soins intelligents du maire. Ainsi la rude ascension est devenue une charmante promenade.

VI

LA PARISIENNE A BADE

Les rois n'ont qu'une capitale; les reines trouvent leurs capitales partout : elles voyagent incognito, en été; elles s'arrêtent sous les arbres d'une promenade quelconque, au bord de la mer, ou du Rhin; elles viennent s'asseoir sur une modeste chaise faite de bois blanc noirci et de paille écrue, et la chaise brille comme un trône. L'étrangère inconnue est reconnue reine, tous les voisins se changent en courtisans. On entend prononcer, en toute langue, trois mots :

— C'est une Parisienne !

Il y a aux environs, et sur la même ligne, des Anglaises du Lancastre, belles comme les apparitions du *Midsummer;* des Allemandes radieuses comme les visions du poëte de Francfort ; des filles du Danube éblouissantes comme les ondines de l'Euxin, rêvées par le poëte d'Athènes; des Scandinaves douces à l'œil, comme les Willis de tous les poëtes ; il y a une réunion de visages divins, de formes adorables, de météores vivants, de chevelures lumineuses, de contours suaves, de toutes les exquises beautés que le Nord prodigue sous toutes ses latitudes, pour humilier le soleil et le remplacer avec avantage; eh bien, quand la Parisienne arrive, tous les regards vont à elle; c'est l'étoile qui fait oublier un instant la constellation.

Elle n'éblouit pas, elle charme; elle n'impose pas, elle attire; elle n'étonne pas, elle séduit. A-t-elle quelque chose de plus que ces autres femmes? Non, elle a moins; elle n'a pas besoin d'être déesse; elle se contente d'être femme, mais femme dans l'attraction la plus savoureuse du mot, femme de la pointe de ses souliers à la pointe de ses gants. Elle ne s'étudie pas, elle ne prépare aucun rôle, elle ne prémédite aucune pose, elle ne conspire jamais contre la surprise de l'admiration ; ce n'est pas une comédienne : c'est un personnage ; elle doit tout à la nature, à l'instinct du beau, aux dons du berceau ; elle n'a rien appris dans un conservatoire ; toute petite enfant, elle annonçait déjà la femme, lorsqu'elle courait après le cerceau sur le sable des Tuileries, ou qu'après l'ivresse du jeu, elle divisait les boucles de ses cheveux pour recevoir au front le doux baiser maternel.

Nous étions là quelques Français, l'autre jour, devant la pelouse de Bade, quelques Français cosmopolites, et peu accessibles aux préjugés nationaux ; nous étions entourés de ces types merveilleux dont je viens de donner l'énumération géographique, et nous admirions à droite et à gauche, lorsque la reine arriva. Sa mise élégante et simple avait pris à la mode sa juste mesure ; ou, pour mieux dire, elle ne copiait pas la mode, elle la faisait. Cette toilette de cinq heures du soir se composait d'une robe blanche, sans hyperbole, d'une mantille de dentelles de Chantilly, et d'un chapeau de paille dont les rubans roses se nouaient négligemment sous le menton. Tout cela était porté avec tant d'aisance, qu'il semblait que toutes les pièces du costume étaient nées avec la femme, comme les ailes naissent avec l'oiseau.

Il y a de belles femmes qui ne savent pas marcher, elles se transportent; notre Parisienne fit deux tours d'allée avec cette précision de mouvement et cette légèreté gracieuse qui plaisent à l'œil, comme un rhythme de sons bien cadencés plait à l'oreille, et aucune ondulation préméditée ne troublait l'harmonie de ces deux pieds de satin qui effleurent toujours et ne se posent jamais.

Dans le voisinage, on voyait luire les plus beaux yeux du monde; ces yeux prenaient des leçons. Il est si agréable de savoir bien marcher, quand on est belle, et il ne suffit pas d'avoir de jolis pieds! La promenade faite, elle s'assit; il n'est pas encore si aisé de s'asseoir, et surtout de se lever. La Parisienne s'asseoit et se lève, comme l'*avis splendida* des tropiques se pose et prend son vol; la robe ou le plumage ne trahissent aucune gaucherie, aucune contraction brusque dans l'invisible mécanisme du corps.

A peine assise, tout se met en harmonie dans la Parisienne; le meilleur peintre perdrait une heure à composer ce qu'elle fait d'instinct, à la minute : ses pieds dessinent leurs pointes à la frange de la robe; ses bras s'arrondissent en négligeant les lois de la symétrie égyptienne; son torse prend des inflexions charmantes; sa tête se penche avec la grâce du cygne; le sourire de l'esprit flotte sur ses lèvres entr'ouvertes; on devine qu'elle veut parler. Faites cercle, messieurs, et donnez-lui la réplique, — comme vous donnez à un bal votre funèbre frac noir pour mieux faire ressortir la toilette des femmes et l'éclat des diamants.

Notre Parisienne tient salon sous les arbres; elle ne parle jamais, elle cause : parler, c'est ne rien dire; causer, c'est dire tout. En général, les hommes parlent; les femmes causent. On reproche souvent aux femmes de parler modes; on ne reproche pas aux hommes de parler trois pour cent. La toilette est l'écrin de la femme, le cadre de sa beauté. La mode s'élève ainsi à la hauteur d'un art.

Les femmes sont dans leur droit lorsqu'elles s'occupent de ces prétendues futilités qui sont l'adorable assaisonnement de leurs grâces et de leurs charmes, et sont aussi le nimbe de la divinité. Le trois pour cent, le crédit mobilier, les actions industrielles n'ont pas le même intérêt de conversation pour les auditeurs profanes; quant à moi, j'attache plus d'importance à la hausse ou à la baisse d'un corsage qu'à la hausse ou à la baisse des fonds publics. Au reste, la Parisienne ne parle modes qu'avec ses amies; elle a trop de tact pour causer chiffons avec ceux de notre sexe. Elle a beaucoup lu, beaucoup réfléchi, beaucoup étudié, et se pose comme ignorante dans la conversation, ce qui enhardit les hommes. Elle sait toujours la chose qu'il faut dire, et ne va jamais au delà de sa science, tant elle redoute l'inconnu; elle a le secret du dialogue; elle connaît le pouvoir de la phrase courte; elle connaît la mesure de l'épigramme poli; elle a le sentiment inné des convenances; elle ne regrettera jamais rien de ce qu'elle a dit, car elle réfléchit en improvisant.

Un petit dialogue achèvera de la peindre. Un homme était assis à son côté, assis sur trois chaises, le *stick* à la main, le cigare à la bouche, le lorgnon à l'œil; un élégant touriste d'occasion, voyageur à son insu, agréable d'extérieur; souriant à tout, par habitude de son miroir; irréprochable de mise, et sablant toutes les allées de ses cheveux, comme un jardin anglais. A seize ans, il remportait le prix d'honneur à Charlemagne; à dix-sept, il étudiait les sciences exactes; à dix-huit, il visait aux chancelleries; à dix-neuf, il visait aux figurantes de l'Opéra; à vingt, il avait tout oublié; à vingt et un, il se promenait sur le boulevard Italien, avec un héritage. A trente, il ne faisait rien, et s'ennuyait partout.

— Comptez-vous faire un long séjour à Bade, madame la comtesse? disait-il à trente-cinq ans.

— Je n'ai rien décidé, selon mon habitude. J'ai horreur du jour du départ à date fixe. Les chemins de fer vous enlèvent ce souci. On ouvre sa fenêtre, un beau matin, qui est laid; il pleut, et tout annonce qu'il pleuvra encore; les arbres se font jaunes, le ciel se fait gris, la campagne se fait triste; on donne un regard du côté de Paris, où il fait toujours beau dans un salon entre deux bougies, et on court à la gare du chemin de fer... Et vous, monsieur, avez-vous fixé votre départ?

— Oui, madame, je pars le 9, à deux heures quarante-cinq.

— Vous amusez-vous?

— Pas trop... Tout ce qu'il y a là autour de nous ne vaut pas le boulevard Italien... Oh! mon beau boulevard Italien!

— Et que faites-vous au boulevard Italien?... Pardon, une simple question de curiosité...

— Mais, madame, ce que je fais... je ne fais rien

je me promène, ou regarde passer les équipages, les femmes, les chevaux.

— Et après?

— Après? on recontre un ami, on cause, on prend deux chaises devant Tortoni, il y a des gens qui sortent de la Bourse, on sait les nouvelles dans la primeur, on lit les affiches de spectacles, enfin, c'est une promenade charmante; c'est Paris.

— Oui, dit la Parisienne en jouant avec son éventail, je comprends tout le charme de cette promenade, et vous avez bien raison de regretter tous ces amusements.

— Oh! madame, le boulevard Italien!

— Pour vous distraire, avez-vous fait quelques excursions dans le voisinage de Bade?

— Non, madame... Je me lève fort tard, et je rentre chez moi à neuf heures.

— Vous n'avez pas eu la curiosité de visiter le Vieux-Château?

— On m'a dit qu'il était bien ravagé...

— Et on ne vous a pas trompé; mais s'il n'était pas ravagé, on n'irait pas le voir.

— Rien au monde, madame, ne vaut le château de Versailles. Oh! Versailles!

— Versailles a son mérite, sans doute ; mais parce que le soleil est beau, cela ne nous empêche pas de regarder la lune.

— Madame, je déteste les ruines ; elles n'ont pas l'air comme il faut, et sont de mauvaise société. Parlez-moi du Louvre. Oh ! le Louvre !

— Alors, vous n'avez pas été tenté de voir les ruines d'Ebersteinbourg ?

— Non certes, madame !...

Quels diables de noms donnent-ils à leurs châteaux, ces Allemands ! Nous disons, nous, le Louvre, Versailles, Meudon, le Luxembourg ; ça se prononce couramment, comme la première lettre de l'alphabet.

— Vous riez, madame, cela vous paraît-il déraisonnable, ce que je dis ?

— Oh ! non, monsieur, — c'est très-sensé, au contraire ; — les Allemands ont tort de donner à leurs châteaux des noms allemands... Enfin le mal est fait ; il est incurable. On ne pourra jamais plus appeler Ebersteinbourg autrement qu'Ebersteinbourg. C'est désolant !... Avez-vous fait quelques promenades à cheval ?

— Oui, madame.

— Du côté de Geroldsau ?...

— Bon ! voilà encore un nom du diable !

— Le nom ne fait rien à la chose... C'est un but de promenade ravissant ; le site est délicieux ; il y a un Niagara en miniature qui rafraîchit le payage, et tombe, moitié à l'ombre, moitié au soleil, avec une mélodie naturelle, et douce comme une cavatine de Rossini.

— Eh bien, là, franchement, madame, cela vaut-il la cascade de Saint-Cloud ?

— Mais, monsieur, je donnerais toutes les cascades de Saint-Cloud et toutes les cascades artificielles pour la moindre chute d'eau que la nature dessine dans un vrai ravin, une vraie forêt, une vraie rocaille ! Ainsi, voyez toute la peine que prend, depuis deux siècles, cette pauvre machine de Marly, pour arrêter la Seine sur la grande route, et la forcer à remonter une eau bourbeuse jusqu'au bassin de Latone ! J'aimerais mille fois mieux une naïade, grande comme un verre d'eau, mais tenant sa source dans le parc de Versailles, et jouant avec un brin d'herbe naturelle, au bord d'un filet d'eau de roche, entre deux arbres qu'un jardinier n'a pas taillés !

— Et vous êtes Parisienne, madame ! dit l'interlocuteur, avec le ton d'une indignation comique.

— Mais, monsieur, c'est parce que je suis Parisienne que je vous dis cela! et j'adore mon Paris, moi; je l'aime autant que vous l'aimez; seulement, j'ai des yeux pour tout voir et tout admirer... Vous me rappelez, monsieur, le Parisien d'une légende allemande... Pardon, c'est encore une légende, vous permettez?...

— Voyons la légende.

— Oh! celle-ci est fabuleuse; mais il y a une morale au bout, comme dans *le Chêne et le Roseau* de la Fontaine.

— J'aime les fables de la Fontaine.

— Et moi aussi. Écoutez... On jouait à Mansfeld, en Allemagne, l'opéra de *Robert le Diable*. A la première scène, l'artiste qui jouait l'infernal Bertram se trouva mal, et on baissa le rideau. Le public, accouru pour applaudir le chef-d'œuvre de Meyerbeer, donna des signes d'un vrai désespoir; c'était, pour la ville, une première représentation. Tout à coup le régisseur annonce qu'un étranger arrivé le matin s'offre pour jouer le rôle de Bertram. Grande joie au parterre et aux loges. Or, cet étranger, dit la légende, était tout simplement le diable en personne; le beau Lucifer, qui, pour se désennuyer un peu, avait eu la fantaisie de se montrer en scène, dans un rôle de lui. Jugez de l'immense succès du personnage! Jamais voix pareille n'avait étonné les oreilles humaines; jamais plus haut talent d'acteur n'avait épouvanté les yeux. Eh bien, la police de Mansfeld, appelée à grands cris par le public, vint mettre violemment à la porte un jeune Parisien, qui s'écriait à chaque instant : « Est-il stupide, ce public, dans son enthousiasme! Et que ferait-il donc s'il voyait et entendait Levasseur dans Bertram! Oh! Levasseur dans Bertram!... » Comprenez-vous la morale de l'apologue?

— Et j'en profiterai, madame, dit l'interlocuteur en s'inclinant. Me permettez-vous de vous quitter?

— Oui, monsieur... Allez-vous au boulevard Italien?

— Je vais au Vieux Château, madame.

— Très-bien, monsieur, je vous réciterai une autre fable de Parisienne, à la première occasion.

VII

LE VIEUX CHATEAU A BADE

Quand on se promène à Bade, devant la colonnade de la *Conversation*, on découvre un horizon de montagnes boisées dont rien ne détruit l'admirable uniformité de verdure, excepté un amas de ruines rougeâtres qui se détachent sur une cime, entre des massifs de chênes et de sapins. Ce sont les ruines du *Vieux Château*.

L'Allemagne est pavée de ruines, comme l'Italie. Attila et Gustave-Adolphe étaient d'admirables ouvriers en dévastation. L'Allemagne et l'Italie, ces deux adorables pays, doivent peut-être aux ruines le privilége d'être les grandes maîtresses de la musique. Une ruine est le clavier inspirateur où la brise et la tempête enseignent l'*andante* et la *stretta*, la mélodie et le drame aux petits enfants qui seront un jour de grands compositeurs. Si ce paradoxe devenait une vérité, comme tant de paradoxes, il faudrait remercier Attila et Gustave-Adolphe; nous leur devons Mozart, Weber, Rossini, et cette pléiade de poëtes-musiciens qui font de notre siècle le plus merveilleux de tous les siècles passés, présents, et peut-être futurs.

Le Vieux Château est sans contredit la plus curieuse promenade de Bade. Une route très-douce à travers une magnifique forêt de chênes, de sapins, d'érables, conduit aux ruines. On marche toujours à l'ombre et au frais, même dans les journées ardentes. Une voûte continuelle, un corridor de verdure massive arrêtent les rayons du soleil, et les yeux mêmes se rafraîchissent en plongeant à droite et à gauche dans les profondes nefs de ces basiliques végétales que la nature a construites sur toutes les montagnes allemandes pour donner des leçons d'architecture à Erwin de Steinbach et à tous les ouvriers gothiques de la chrétienté.

En pénétrant d'un pas respectueux dans les vastes ruines du Vieux Château, on est saisi d'un profond sentiment de tristesse, qui vous suivrait longtemps, si un industriel n'avait eu l'heureuse idée de fonder, au milieu de ce domaine de la dévastation, une officine de *restauration* qui peut lutter avantageusement avec les meilleures cuisines du boulevard parisien. On a beau se lamenter sur les catastrophes de la guerre de Trente ans et les incendies du Palatinat, on boit, à son insu, les effluves apéritives de l'absinthe qui tombe des sapins de la montagne, et l'appétit murmure des exigences inexorables à travers les ruines de 1689. Un kellner, vêtu de noir et cravaté de blanc, sort comme un agréable fantôme d'une ruine byzantine et vous offre une carte variée en gibier, volaille, poisson, vins de France et du Rhin. Le champagne est toujours frappé dès l'aurore, et il attend le Parisien au fond des caveaux des burgraves. On déjeune et on dine sur la terrasse, dans une salle à manger décorée par la nature, et heureusement privée de murs et de plafonds. En cas de pluie, on trouve des salons moyen âge, où préside le portrait d'Hermann, fondateur de ce château, un contemporain des premières croisades. Les attributs de la chevalerie décorent les frises, les corniches, les panneaux de ce restaurant abrité. Les convives bénissent Hermann et boivent à sa mémoire, dans des coupes de Bohême, les vins français et allemands. Le burgrave semble sourire dans son cadre et remercier par un silence expressif, comme un amphitryon sensible que l'émotion a rendu mort.

Après le repas commence la promenade ascensionnelle à travers les ruines. Comme on ravageait bien en ce temps-là ! c'est incroyable ! Le Vieux Château est un vrai squelette monumental. Pas un morceau de chair n'est resté sur la charpente osseuse. Il y a partout des pans de murs qui rappellent ceux des thermes d'Antonin, à Rome ; il y a des amas informes qui furent des boudoirs de châtelaines ; des gouffres de ruines qui furent des galeries byzantines ; de grands espaces d'air, avec un pilier solitaire, qui marquent le gisement de la salle des chevaliers ; des spirales de marches qui conduisent à des étages disparus. Les lierres, les saxifrages, les plantes pariétaires, les guis parasites, étreignent ce chaos de pierres, et lui prêtent de gracieuses arabesques de verdure et de fleurs. Les ruines semblent s'égayer sous ce travail. On monte toujours, on monte sans peine, l'escalier vous conduit : on ne sait trop où l'on va, mais on se fie à l'intelligence paternelle du grand-duc régnant, qui a ménagé cette route aérienne pour les voyageurs. A la dernière

marche, on est sur la corniche culminante du Vieux
Château, et le tableau découvert est magnifique. On
voit tomber la forêt sur le vallon, comme une immense
cataracte de verdure ; on embrasse un cercle
d'horizon sans bornes. Deux points surtout attirent le
regard et le retiennent : le Rhin, maigri par l'éloignement
et décrivant au soleil ses lumineux méandres,
et la flèche de la cathédrale de Strasbourg, cette sentinelle
de la France. Au-dessous, on voit Bade, si
joyeuse dans ses ombrages, ses eaux vives, ses colonnades,
ses pelouses et ses fleurs. Ceux qui aiment varier
les émotions choisissent un beau clair de lune
pour visiter le Vieux Château. La lune est le vrai soleil
des ruines. Ici, l'intelligence du metteur en scène
a donné un charme de plus aux promenades de nuit.
La moindre brise fait chanter les harpes éoliennes
suspendues aux créneaux. On dirait alors que le Vieux
Château a une voix, et qu'il chante à ses visiteurs la
suprême élégie des guerres du Palatinat.

VIII

LES TROIS AGES DE BADE

I

Après de longues guerres, la Paix avait passé le Rhin, et rendait les laboureurs aux campagnes, le sécurité aux hameaux, la joie aux villes. Une jeune princesse allemande était appelée au trône de France; l'Allemagne devint à la mode, et les grands seigneurs de Versailles, habitués à guerroyer au delà des monts, pendant les mois de la saison chaude, changèrent de quartiers d'été; ils vendirent leurs chevaux de bataille, achetèrent des chaises de poste, passèrent le Rhin sans armes, pour la première fois, et vinrent s'établir à Bade pour demander un regain de jeunesse à la Jouvence ducale de l'Éden allemand.

Ce beau pays était alors au premier chapitre de sa genèse; il sortait des mains de la nature, et l'homme n'avait pas encore semé sur le flanc de ses collines ou la verdure de ses prairies les villas gracieuses, les chalets pittoresques, les hôtelleries couronnées de treilles et de fleurs. Le torrent de l'Oos coulait dans la solitude; le silence régnait dans le vert corridor de Lichtenthal; le vallon primitif ne montrait que ses beaux arbres; les pelouses ne se paraient que de fleurs agrestes; le village seul, clair-semé devant l'église, annonçait au voyageur la présence de l'homme, et se montrait, comme le germe de la civilisation future, sur l'orteil de cette montagne qui conserve à son sommet les admirables reliques du Vieux Château.

Le service de la poste laissait tout à désirer à cette époque, comme on le pense bien. On trouvait quelquefois des chevaux de relais sur la route de Paris à Strasbourg : on ne trouvait que des étables désertes dans la chaîne des Vosges et sur les hauteurs abruptes de Lutzelbourg et de Saverne. Les plus heureux, parmi les voyageurs, faisaient le trajet en vingt journées, quand ils ne versaient pas trop souvent sur des routes entretenues aux frais de la nature, et quand ils échappaient aux spéculations des contrebandiers et des maraudeurs de grand chemin. L'attraction badoise était déjà si forte qu'elle fermait les yeux des nobles voyageurs sur les ennuis, les périls, les inconvénients de la route. Riches seigneurs et grandes dames partaient de Versailles pour faire la pacifique et toujours dangereuse campagne du Rhin ; on déposait un testament chez le tabellion de la cour ; on recevait l'absolution, *in articulo mortis*, à l'église Saint-Louis, et on s'abandonnait à la Providence en faisant une partie de plaisir. Admirons ces gentilshommes qui fondaient ainsi, en France, le pèlerinage de Bade, mais estimons-nous heureux d'avoir échappé à la chance d'être leurs associés.

Madame de Grave, qui recevait nombreuse compagnie, à Versailles, dans son hôtel de la rue du Réservoir, entra la première en campagne, pour faire à Bade la saison thermale de Vichy. Louis XIV avait, à son insu, ciselé une magnifique réclame en faveur du Rhin sur la porte Saint-Denis. La révocation de l'édit de Nantes avait envoyé en Allemagne cent mille professeurs de français ; tout sert au progrès du bien, même le mal. Le germe rhénan déposé sous Louis XIV fit éclore la moisson sous Louis XV. On grava dans le journal des modes de l'époque l'image du Rhin,

<small>Au pied du mont Adulle, entre mille roseaux ;</small>

et, à la suite de madame de Grave, les gentilshommes voulurent rendre leur visite au fort de Tolhuis illustré par Louis XIV, à la tombe de Turenne élevée sous Louis XIV, et aux villages protestants peuplés par Louis XIV. Les hôtelleries manquaient à Bade ; mais il y avait des cabarets qui valaient bien le premier restaurant ouvert à Paris, à l'enseigne de la *Pomme de pin,* avec cette inscription : *Vos qui fame laboratis, intrate, et restaurabo vos.* (Vous qui souffrez de la faim, entrez, et je vous restaurerai.)

Les grands seigneurs, qui ne souffraient jamais de la faim, achalandèrent ce premier restaurateur, et ils trouvèrent l'équivalent, à Bade, à l'enseigne de la *Croix d'Or,* sous une treille de feuilles de maïs, sur la berge du torrent où s'alignent aujourd'hui les façades monumentales des hôtels, caravansérail de l'univers.

D'ailleurs Jean-Jacques et les toiles champêtres de

Watteau avaient mis à la mode les repas sur l'herbe, madame de Grave, le duc et la duchesse d'Esguillon ; mademoiselle de Longueville, petite-fille du seul homme qui périt au fameux passage du Rhin ; le duc de Fronsac; le marquis de Biancourt; le comte d'Esprémenil, en société des belles pélerines de Versailles, se faisaient une joie de s'ébattre autour d'une table de verdure, sans nappe, et dressée à la cascade de Geroldsau, ou sur les pelouses désertes que dominaient ces deux peupliers magnifiques tombés de vieillesse, en 1858, devant la gare du chemin de fer. Après ces dîners champêtres, les convives, exaltés par la naïade rhénane, dansaient le menuet national, au son d'un violon faux, seul orchestre de Bade, ou réunis dans une grange décorée pour la circonstance, ils jouaient le *Devin du village*, et s'écriaient en chœur, comme Louis XV : *La musique n'ira jamais plus loin!*

Cette prédiction, fausse comme toutes les prédictions humaines, était hardiment formulée devant cet horizon allemand où rayonnait déjà l'aube divine qui annonçait Mozart, Weber et Beethowen.

Gluck était encore contesté ou peu connu ; il avait le malheur d'être vivant.

Un jour, le bruit se répandit à Bade que M. de

Voltaire allait arriver sous prétexte de prendre les eaux, mais en réalité pour corriger, loin du fracas de Paris, deux vers du poëme de Frédéric II sur l'*Art de la guerre*.

Chose incroyable ! les deux vers du grand roi étaient bons, mais ils choquaient le goût trop classique de Voltaire, parce que la loi de l'hémistiche était violée par l'héroïque poëte de Potsdam.

Frédéric avait devancé l'alexandrin romantique de Lamartine et de Victor Hugo ; il écrivait ces vers en 1760 :

> Point d'arme à feu, si vous combattez à cheval,
> Son vain bruit se dissipe, et ne fait point de mal.

Les deux vers corrigés par Voltaire à Bade ne valent pas ceux du grand roi.

Mais, en revanche, on peut excuser Voltaire de cette correction maladroite, puisque le même ciel allemand lui a inspiré cet admirable madrigal apporté des bords du Rhin aux rives enchantées du *Havel*, à Potsdam :

A LA PRINCESSE ***.

> Souvent un air de vérité
> Se mêle au plus grossier mensonge :
> L'autre jour, dans l'erreur d'un songe
> Au rang des rois j'étais monté.
> Je vous aimais, princesse, et n'osais vous le dire ;
> Les dieux, à mon réveil, ne m'ont pas tout ôté ;
> Je n'ai perdu que mon empire.

Ainsi, la belle saison de Bade a été inaugurée par l'aristocratie allemande et française, dans la seconde moitié du dix-huitième siècle ; la distinction, les belles manières, l'élégance, la poésie, sont arrivées avant le luxe des villas, la splendeur des fêtes, le confortable des hôtels. Cette noble origine ne sera pas démentie dans le siècle suivant.

II

Vers 1838, Bade devine son avenir et le prépare. La haute et intelligente protection du grand-duc vient en aide aux projets d'un homme à forte initiative qui arrive de France pour semer des colonnades sur ces pelouses désertes où la nature n'avait semé que des fleurs. Excités par les grands travaux d'art qui s'accomplissent, les architectes se mettent à l'œuvre, et le village des chaumières devient la ville des hôtels ; le val des fermes devient le vallon des villas ; la forêt vierge devient la promenade des baigneurs. C'est un changement de décor opéré par un coup de baguette de la fée allemande. Paris, Berlin, Pétersbourg, Londres, Vienne sont encore bien loin de Bade ; mais qu'importe la distance, lorsque l'Eden est au bout du voyage ! On accourt en poste, de toutes les capitales vers la capitale de l'été! une paix douce et fraternelle règne sur tous les horizons politiques ; aucun nuage ne trouble la sérénité du ciel. L'Europe aristocrate demande une fête de réunion, Bade lui offre la sienne, longue de six mois ; elle sera la consolation de l'hiver, le remède aux longs ennuis de l'opulence, la guérison des valétudinaires, la double santé de ceux qui se portent bien. Puis la fête acquiert de nouvelles ressources en se prolongeant ; elle a commencé, comme l'opéra de Lulli, avec quatre violons et le menuet d'Exaudet ; la voilà s'épanouissant au son d'un orchestre et dans des salles splendides où les quadrilles de Paris font danser l'Europe. Ni repos, ni trêve au plaisir ; point d'intermède ; point de place à ce fléau du monde qui s'appelle l'ennui ! les grands virtuoses arrivent des quatre points du royaume de l'art ; les illustres comédiens, les cantatrices en vogue, tous les enchanteurs célèbres qui jouent d'un instrument ou de la voix sont mandés à Bade et reçus dans un palais superbe qu'un magicien semble avoir dérobé aux galeries de Versailles. Tout à coup, le progrès fait un miracle ; il met Paris sur le Rhin avec un trait d'union de fer. Il y a encore des Pyrénées, mais il n'y a plus de Vosges. La locomotive perce la montagne de Lützelbourg comme niveau. La plaine est entre les deux villes. Le voyage se fait promenade. Il n'y a plus de kilomètres, il y a des buffets. On revêt le matin un costume de bal à Paris, et on danse le soir à Bade. Le Rhin même devient ruisseau. La douane s'humanise. Le passe-port adoucit ses rigueurs. Où le progrès s'arrêtera-t-il ? il tient à son nom, il ne s'arrêtera pas.

A chaque élan du progrès, la foule voyageuse augmente. Le chiffre de l'an qui suit dépasse toujours le chiffre de l'an qui précède. On bâtit toujours, et les maisons manquent toujours aux locataires. Une création inattendue, et sortie d'une pensée généreuse et intelligente, va convier les retardataires de l'Europe à l'universel rendez-vous de Bade. M. Edouard Bénazet découpe dans la jachère rhénane l'hippodrome d'Iffezheim et ouvre la lice aux gentilshommes du *Sport*. Epsom, Lamarche, la Croix de Berny ont trouvé à Bade un rival digne d'eux. Aussitôt le jockey-club parisien arrive comme l'escadron volant de la reine, et fait rayonner ses noms héraldiques devant la pelouse d'Iffezheim. Leurs confrères de l'aristocratie hippique viennent lutter avec eux du fond de l'Allemagne ; S. A. R. le grand-duc, toujours favorable aux nouveautés qui agrandissent le renom de son duché, le plus charmant des royaumes, prend sous son auguste patronage l'Epsom badois, et attache au trophée des récompenses les plus riches joyaux. L'inauguration est magnifique, elle dépasse toutes les espérances ; et rien ne réussissant comme un succès, les courses font fortune et se distancent elles-mêmes, d'année en année, comme si elles suivaient le vol d'un cheval victorieux. Alors un phénomène se manifeste. Ce concours olympique, ce congrès de nations, cette assemblée de peuples tout à coup se trouvent à l'étroit dans Bade. Après la course, viennent la comédie et

l'opéra, jouée et chanté par les plus célèbres artistes;
et la salle de spectacle se trouve alors en disproportion
avec cette foule sans cesse grossie par ce luxe des
fêtes. L'attraction est irritante. Un flot d'auditeurs
qui n'entendaient que l'orchestre du théâtre enfonce
poliment la porte de la salle et fait irruption pour entendre les voix. Scandale excusable et même glorieux
il faut pourtant prévenir un nouveau bris de porte et
égaler le nombre des élus au nombre des appelés. Le
remède est tout simple; il coûtera un million; un
théâtre sera improvisé pour la comédie et l'opéra, et
on respectera les portes du sanctuaire de l'art, en
1862.

III

Quand les Français fondent un établissement sur
un pays nouveau, ils bâtissent, dit-on, une salle de
bal; les Anglais, un club; les Espagnols, une église;

les Allemands, une salle de musique ; les Italiens, une école de chant ; mais ils bâtissent tous un théâtre quand le pays commence sa fortune. Le théâtre est le temple de la religion de l'art et le premier besoin de la civilisation. Une ville sans théâtre serait comme une auberge sans cuisine, et l'esprit y chercherait en vain son aliment. Il est bien entendu que le théâtre ne doit servir à ses fidèles que des œuvres saines, choisies avec délicatesse dans le domaine de la distinction et du bon goût. Aujourd'hui, plus que jamais, la musique trouve au théâtre sa manifestation la plus éclatante, et la langue qu'elle parle est comprise de tous. Weber l'Allemand, Rossini l'Italien, Auber le Français ont étudié la même grammaire, et lorsqu'ils chantent, les sourds seuls ne comprennent pas. Leur langue est universelle. Un bel opéra, une grande symphonie, un oratorio religieux sont de grands festins de mélodies où chaque convive savoure les exquises délicatesses dont il est friand. La musique adoucit les mœurs et lie les peuples par la communauté des sensations intimes. On ne saurait trop vulgariser cette divine civilisatrice. Si tous les peuples savaient par cœur la symphonie pastorale de Beethoven, il n'y aurait plus de guerre. Les compositeurs seuls se disputeraient entre eux; mais l'auditoire resterait pacifique, c'est-à-dire complétement civilisé.

A la troisième phase de son histoire, Bade voit s'élever un théâtre, un théâtre sérieux, un théâtre de grande ville. Une vaillante escouade d'ouvriers allemands, dirigée par un excellent architecte, a taillé et mis en ligne les pierres de l'édifice en moins de deux années. C'est donc l'improvisation appliquée à l'architecture. Tout doit se faire ainsi au siècle de la vapeur et de l'électricité.

Dès que le projet de ce nouveau théâtre a été émis, le grand-duc Frédéric de Bade, prince ami des arts, a spontanément accordé une protection vraiment royale au monument attendu; et il envoie à Bade sa chapelle, orchestre et chanteurs, pour inaugurer la merveilleuse salle avec un opéra, chef-d'œuvre d'un maître allemand.

Ce puissant auxiliaire de la chapelle grand-ducale fait du théâtre de Bade le temple cosmopolite de la religion de l'art, idée que symbolisent au foyer les bustes de Beethoven et de Mozart, par Préault, et les bustes de Rossini et d'Auber, par Dantan jeune; l'image du prince protecteur devait présider une si noble compagnie de musiciens, et c'est au ciseau de Ludovic Durand que nous devons le cinquième buste, celui du grand-duc.

Vu dans son ensemble à l'intérieur, le théâtre donne complète satisfaction à l'art par son élégance monumentale ; il s'épanouit avec grâce dans la corbeille d'arbres et de fleurs où il est placé ; il n'a rien à redouter de ce dangereux voisinage où la nature allemande a prodigué toutes ses richesses de l'été. Sa façade porte sur toutes ses lignes le caractère de l'œuvre et annonce sa destination. La saillie du centre fait avancer légèrement un balcon d'un joli style; c'est le belvédère du foyer. Le point de vue n'y laissera rien à désirer aux amateurs des grands paysages; ce sera le spectacle des entr'actes, dans les nuits étoilées de la belle saison. La sculpture joue un rôle important sur cette façade. Un jeune statuaire plein d'avenir et qui a déjà glorieusement payé sa dette au présent, M. Ludovic Durand, a fait une grande œuvre d'art en sculptant les statues du fronton. Le groupe du milieu, fortement accusé dans sa saillie, sort d'un ciseau qui connaît la grâce, la vigueur, la simplicité noble et les plus intimes secrets de détails découverts dans les traditions de la ronde-bosse antique. Les statues de la Poésie, de la Musique et de la Peinture, forment ce groupe et font vivre la pierre; malgré la noble sévérité de leur pose, ce sont les trois Grâces des arts. Elles ont le charme de leur sexe et la fierté de leur mission. Deux autres grandes figures, très-habilement posées, se lient par la direction de leurs regards au groupe principal, et forment corps avec lui. Elles représentent l'art théâtral et l'art décoratif; on les reconnaît aux attributs distincts et aux figurines que le sculpteur a très-ingénieusement placés dans leur voisinage. Au-dessous, deux autres statues, posées avec une suprême distinction, représentent le Rhin et l'Allemagne, et le bel écusson grand-ducal scelle le monument, avec son *champ d'or* pointillé, sa *barre de gueules* aux lignes verticales, et les deux griffons *contournés* qui servent de supports. Deux médaillons aux effigies de Gœthe et de Schiller, ces rois de la littérature allemande, couronnent dignement cette superbe page de sculpture, qui honore le ciseau de Ludovic Durand.

Un théâtre aussi artistement annoncé au dehors contracte de sérieuses obligations à l'endroit de l'œuvre intérieure. Hâtons-nous de dire que le sanctuaire est digne du péristyle. M. Couteau, l'architecte du monument, a triomphalement répondu à l'attente du fondateur. Les mains heureuses choisissent toujours bien. Au choix du sculpteur et de l'architecte, on reconnaît la main de M. Édouard Bénazet.

Le vestibule du théâtre est un *atrium* étrusque, original dans son imitation antique ; il laisse voir, à droite et à gauche, deux larges corridors gracieusement arrondis, comme deux bras conducteurs qui n'étoufferont pas la foule à la sortie. Dès l'entrée, on devine que tout le monde pourra jouir à son aise du spectacle, que les crinolines mêmes pourront s'étaler sans péril, et que le supplice des coudes pointus ne sera pas imposé aux spectateurs. Un théâtre doit être le plus élégant des salons et le plus commode aussi. Le premier coup d'œil jeté sur l'ensemble de la salle est suivi d'un éloge spontané ; en arrivant aux détails l'éloge continue, et quand tout est vu minutieusement, on se résume ainsi : C'est beau, riche et charmant. Trois galeries superposées et un ampithéâtre en saillie au premier rang attirent d'abord les regards. La coupe de ce grand travail est d'une rare élégance. Là, comme dans tout le reste de la salle, une exquise sobriété règne dans la richesse et n'altère jamais la pureté des lignes tracées par l'architecte. L'or se détache sur un fond gris-perle et charme l'œil sans l'éblouir. Des peintures, légères comme des ailes de colibris, papillonnent sous les rampes des galeries, amortissent les reflets des dorures, et couvrent, par intervalles, la nudité du fond. Les deux loges ducales sont deux chefs-d'œuvre d'ornementation et de style ; on croirait voir les balcons royaux d'un palais d'or dans le domaine des fées. Le parterre et l'orchestre sont garnis de stalles à deux places pour un ; on leur a prodigué le velours rebondi et l'espace. Un fauteuil doit retenir et non chasser. La musique n'est agréable qu'aux oreilles des gens mollement assis. Le lustre sort des ateliers de Marquis, c'est tout dire ; jamais soleil de nuit n'a été plus charmant avec son costume Louis XV ; il a des rayons doux qui éclairent admirablement la salle et n'éblouissent pas. Cet astre coûte sept mille florins, comme un ténor de passage, mais il restera sur l'horizon.

C'est notre célèbre Cambon, le poëte du décor, qui a illustré la salle de ses peintures. Le plafond joue la coupole à merveille et donne dix mètres de plus à son élévation par le savant artifice du trompe-l'œil. Un vol de figures allégoriques sillonne l'azur de ce firmament de l'art et sert de cortége aérien à la reine du théâtre, à la Mélodie, divinité adorable, en costume d'Olympe, et toute rayonnante de lignes harmonieuses et de suaves contours. Cette personnification de la mélodie fait honneur au peintre et à la pensée du poëte. Les anciens ne connaissaient que la sévère mélopée; s'ils eussent connu la mélodie, ils en auraient fait la sœur de Vénus. Notre grand peintre Cambon a rempli cette lacune mythologique dans la patrie de Weber et de Mozart.

Tous les vœux de l'heureuse ville de Bade et de son peuple cosmopolite sont remplis. Ouvrez à la foule les portes du temple de l'art; les grands prêtres, qui sont les grands artistes, vont arriver pour cette solennelle inauguration.

IX

DE COBLENCE A COLOGNE

Les riches oisifs de Mayence, de Coblence et de Cologne me paraissent des êtres fort heureux ; quand ils s'ennuyent, ils vont se promener sur le Rhin, en paquebot, comme nous sur le boulevard, en voiture. Nous n'avions pas tort, autrefois, dans notre susceptibilité nationale, de demander, une fois par an, les *frontières du Rhin*. Cette réclamation ne se fait plus entendre, à l'époque actuelle, et vraiment, tout honorable qu'elle était, elle serait aujourd'hui un anachronisme, comme le *delenda Carthago*. Les frontières de la France nouvelle doivent être la Méditerranée, le golfe Persique et l'océan Sénégalien, trois fleuves qui conduisent partout, et dont notre Afrique est le centre. Quant aux frontières du Rhin, elles appartiennent maintenant à tout le monde, par la conquête de la vapeur et de la paix. Le monde voyageur est devenu citoyen de Mayence et de Cologne, et dans les nouveaux et magnifiques hôtels des villes rhénanes, les maîtres et les serviteurs parlent français, anglais ou russe, et quelquefois même allemand. Jamais on n'avait vu passer sur le Rhin autant de caravanes nautiques; les paquebots s'y croisent comme les omnibus sur nos boulevards; les sillages se sont à peine confondus dans le courant de l'eau qu'ils reparaissent sous une pression des roues volantes; et cette affluence inouïe s'explique très-bien, car le voyage est aujourd'hui une chose si facile qu'on peut enfin courir le monde sans quitter sa maison, c'est-à-dire sa famille; les femmes et les enfants sont en majorité sur les paquebots. Le père mélancolique dans son isolement, et le commis voyageur joyeux par profession, tous deux coiffés de la casquette de loutre, ne font plus le monopole des grands chemins. Le père ferme son appartement à double tour; il n'embrasse plus personne en pleurant, il emporte ses pénates et tout son trésor domestique. Le commis voyageur, célibataire par devoir, menace de devenir fossile et fabuleux : la dépêche électrique a tué l'espèce ; on en trouve encore un quelquefois à la proue d'un paquebot ; il est coiffé d'un chapeau-manille ; il ne chante plus de *gais* refrains, n'imite plus Frédérick Lemaître, et ne lance aucun calembour à l'oreille de son ami.

Usant du commun privilége qui me rend possesseur des frontières du Rhin, en payant un droit aux aubergistes, je venais de descendre notre fleuve de Biebrich à Coblence, et paresseusement accoudé sur le balcon de *Schonen-Aussicht*, je fredonnais les réflexions incohérentes ci-dessus émises, lorsqu'un paquebot intitulé *Gutenberg* passa devant moi, avec une caravane cosmopolite, et s'arrêta tout à coup en chantant cet air de chaudière furibonde si doux à l'oreille des voyageurs.

Muni du bagage de Bias, cet antique fléau des douaniers, je descendis tout de suite à l'embarcadère, pour donner deux *thalers* (sept francs cinquante centimes) au bureau des vapeurs, et prendre place parmi les élus de cette douce promenade, de ce beau jour, de ce grand soleil. Je n'avais écrit au crayon que la moitié de la silhouette du Rhin ; je voulais terminer mon croquis à bord du *Gutenberg*.

Nous passons devant l'embouchure de la Moselle, que le Rhin avale comme un verre d'eau, et je donne un dernier regard à la maison natale du prince de Metternich et aux maisons riveraines, rebâties en 1690, après le bombardement du maréchal de Boufflers. A la descente, le paquebot vole, il emporte le Rhin, et crée le vent par une journée calme. Nous laissons à droite la charmante ville de Newied, et sur l'autre rive, Weissenthurm et l'obélisque du général Hoche. Nous passons devant la plus étrange des ruines : elle est composée de trente-quatre fenêtres ouvertes sur le Rhin ; il n'y a pas de murs, pas de toitures, pas de tours ; une ruine très-moderne. Qui a bâti ces trente-quatre fenêtres? On ne répond pas. Le capitaine est absorbé par les soins de la navigation. Nous traversons le détroit de Magellan. Les passagers cherchent le nom de la ruine des trente-quatre fenêtres dans le *Guide*, et ne le trouvent pas. On interroge les domestiques et les garçons de service; mais c'est le moment du *coup de feu* ; on change le pont du paquebot en salon de cent-vingt couverts; un immense déjeuner se prépare de la proue à la poupe, comme dit la Harpe dans *Philoctète*. On croirait voir une noce de Cana flottante. Les domestiques s'obstinent à ne pas répondre aux archéologues ; ils allongent une nappe démesurée et l'arrosent de sueurs.

L'énigme disparaît ; on n'y songe plus. La rive gauche nous jette un nom de sanglant souvenir : Andernach ! Ici, la nature a fait à l'homme une amère plaisanterie. Elle a supprimé les montagnes et aplani le terrain dans un espace des plus vastes. L'homme, qui ne peut faire manœuvrer ses cavaleries et ses canons sur des montagnes à pic, et qui se verrait contraint à vivre toute sa vie sans jamais se battre, s'il n'y avait pas de plaines nommées *champs de bataille*, l'homme s'est emparé avec joie de cette belle plaine d'Andernach, et en a fait un cimetière universel pendant dix-huit siècles. J'ai remarqué une large excavation derrière l'église aux quatre clochers d'Andernach ; c'est une brèche d'ingénieur civil ; c'est le premier coup de pioche du chemin de fer. On pose les rails de la civilisation sur cet immense cimetière, fondé par Jules César.

La rive droite n'a pas été batailleuse, faute de plaines. Les montagnes se hérissent avec des formes et des aspects sauvages, tantôt nues comme des squelettes de *mososaurus*, tantôt couvertes de riants vignobles, ou de forêts sombres. On nomme le village d'Hammestein ; il y a, comme décor de main humaine un château restauré et une chapelle modeste. Le paquebot déploie ses ailes, tout disparaît. Nouveau tableau. La féerie continue. On joue l'opéra de Dieu ; les forêts chantent ; l'orchestre du Rhin les accompagne ; le lustre du soleil est au plafond. Nous avons payé nos stalles de baignoires deux *thalers*. Personne ne chante faux. La perspective de la scène est d'une magnificence inouïe ; les deux rives élèvent la verdure jusqu'à l'azur du ciel ; une ligne vaporeuse de montagnes ferme l'horizon, une île indienne ferme le Rhin. Nous sommes en plein lac. A droite et à gauche c'est le désert. L'homme, épouvanté de ces splendeurs naturelles, n'a pas osé bâtir une maison. Un vaste banc de sable semble attendre le paquebot pour le faire échouer comme un navire sérieux ; notre *Gutenberg* se moque bien des bancs de sable, lui ! Il écume de rire, et nous lance dans un autre tableau. Nous avons à droite une montagne de bronze qui porte à sa cime une ruine sans nom, mais une ruine comme il n'y en a pas, une ruine en ruine ; celui qui l'a faite

mérite un brevet d'invention, il n'a laissé qu'une
pierre comme signature de son œuvre, il a dévoré
tout le reste. C'est un conquérant lithophage... Un
jeune musicien nomade s'est glissé dans le paquebot,
il joue avec ses mains d'un instrument anonyme, et
avec ses pieds du triangle ; son répertoire se compose
de tous les airs patriotiques de France. Les passagers
de notre pays sont nombreux ; ils applaudissent et
prodiguent les florins au pauvre virtuose allemand.
Le capitaine tourne la tête du côté de Coblence, pour
voir si la maison du prince Metternich n'écoute pas
aux portes. On n'écoute pas. Un magistrat célèbre
dans notre Paris a bien voulu donner un sourire au
musicien ; c'est la première fois que notre grand
jurisconsulte voyage ; il est de race de robe, il demeure rue Cassette. Depuis le parlement et Omer
Talon, ses ancêtres n'ont voyagé que dans le jardin
du Luxembourg ; les plus hardis se sont égarés jusqu'à l'Observatoire. Quelle existence douce dans cette
famille ! quel calme héréditaire ! Un cabinet à boise-
ries, douze fauteuils de cuir, une bibliothèque de
droit, une table jonchée de dossiers, quatre portraits
d'ancêtres, un chat endormi, voilà la retraite sereine
où trois générations de jurisconsultes ont cloîtré leur

Thémis sédentaire. Arrive la vapeur, et le dernier de tous déserte le culte de ses aïeux, et prend ses vacances sur le Rhin ! Ombre d'Omer Talon, de mythologique mémoire, passe le Styx et dénonce le coupable à tes collègues Minos, Œaque et Rhadamante, ce triumvirat du parlement de Pluton ! Si les magistrats, la rue Cassette et le Luxembourg se mettent à voyager, il ne restera que les commissionnaires à Paris, dans l'été de 1860. Nous honorons, en passant, d'un salut respectueux le professeur Bethman-Hollweg ; voilà un homme rare dans la Sorbonne germanique. Nous incendions le château de Rheineck, en 1685, pour faire mentir Bossuet, qui venait de lancer sur Versailles cette formidable parole : *un ennui inexorable désole ce monde ;* nous nous amusons donc comme des rois sur cette rive du Rhin, et nous y laissons des scories artificielles, pour imiter les volcans. Puis, en 1833, un professeur rebâtit ce château de Rheineck avec les florins de sa rhétorique, et nous le rend tel qu'il était avant Bossuet, avec ses tours, ses poivrières, ses terrasses, ses jardins, son belvéder et même sa couleur. Le professeur et son architecte, M. de Lassaulx, accoudés sur la grande fenêtre de l'ex-ruine, saluent le paquebot *Gutenberg*. Dans le voisinage de Linz, on aperçoit à droite un château énorme, très-blanc, et tout percé de fenêtres ; c'est l'antithèse d'une ruine ; on ne m'a pas dit le nom de l'armée bourgeoise qui essaie de peupler ce château. L'horizon s'élargit, les montagnes voisines s'abaissent, on découvre des plaines fécondes, et à gauche, bien loin, des crêtes sauvages et d'une hauteur démesurée. Sur la rive droite, un château neuf et blanc arrive comme un fantôme au soleil, et n'ouvre pas une seule de ses nombreuses fenêtres. Château désert en été. On l'habite en hiver pour jouir de la fraîcheur du Rhin. Voici des ruines sans caractère et sans nom : une église et une haute flèche. Nous ne regardons ni les ruines ni l'église ; le paysage vaut mieux. Une montagne de basalte, taillée sur le modèle du cap Sicié, de Toulon, fait saillie sur le Rhin et ressemble, sans donner trop de peine aux fantaisies de l'optique, à un éléphant monstrueux qui allonge sa trompe pour boire le fleuve et mettre son lit à sec ; l'œil même du colosse n'a pas été oublié par le Phidias de la nature : c'est une caverne. Par malheur, le paquebot ne donne pas le temps d'admirer ce jeu de montagne, et quand on double ce cap, l'éléphant a disparu. Les ruines d'Ockenfels se révèlent après Linz ; on reconnaît bientôt le célèbre *Erpeler*. Ici, la montagne de basalte, haute de sept cents pieds, et dont les carrières s'ouvrent sur le fleuve. Nous arrivons à Remagen ; le paysage est admirable ; un beau lac remplace le Rhin; notre grand fleuve a disparu. Les vignobles couvrent les montagnes ; les barques sillonnent le lac ; on regarde une curieuse église à quatre flèches, bâtie sur un plateau, à gauche, et encadrée de vignobles et de bois. Tout à coup, le lac se refait fleuve, et l'horizon découvre les fameuses *sept montagnes* qui ferment la vallée du Rhin ; à cette distance, elles ressemblent à des vagues énormes tombant l'une sur l'autre dans l'océan de l'infini. Ce fond du tableau est d'une grandeur incomparable ; il annonce dignement la porte de cette vallée sublime dont le péristyle est à Bingen. Il fallait bien sept montagnes pour couronner la grande œuvre du Rhin. L'admiration se repose un peu. Le fleuve s'amuse avec des bagatelles pour se reposer à son tour. Nous avions tous besoin de nous ennuyer quelques instants. Il faut un peu de diète à la curiosité. Nous côtoyons à droite un jardin entouré d'un rempart crénelé. Ce jardin est vide ; il attend une fleur et un arbre. On n'y a planté que des remparts jusqu'à ce moment. Nous n'admirons pas aussi un petit village à tuiles rouges, réfugié dans un désert, et qui semble demander des habitants à tous les paquebots. Après, arrive à nous une montagne surmontée d'une ruine informe. Ceci est un entr'acte. Nous étions au foyer. Le rideau se lève sur une île verte, charmante à voir, et sur les ruines du château de Rolandseck. Nous sommes en terre française, dans le domaine d'un pair de France, l'ami de Charlemagne, le ressuscité de Roncevaux. On s'arrête pour étudier une grande question historique, avec la permission du paquebot. Cinq minutes, comme aux buffets hydrophobes des stations.

La légende et l'histoire sur la tombe de l'illustre paladin Roland, *l'honneur de la chevalerie*. L'histoire le tue à Roncevaux; la légende le fait survivre à cette grande bataille, et le conduit là où nous sommes, devant cette île charmante, cette oasis du Rhin, où se cache le couvent de Nonnenwerth. La fiancée de Roland, la belle Hildegarde, apprend, comme tout le monde, la fatale nouvelle de Roncevaux, et, dans son désespoir, elle a recours au suicide de la religion ; elle prend le voile, et fait ses vœux au couvent de Nonnenwerth. Sur ces entrefaites, arrive Roland, amoureux comme un chevalier après une longue guerre, et demandant Hildegarde en mariage à tous les échos du Rhin ; on lui apprend que sa fiancée est devenue la fiancée du ciel au couvent de l'île, et qu'elle a prononcé des vœux éternels. Heureux les morts de Roncevaux ! s'écrie Roland ; et, jetant au fleuve son armure et son épée, il prend le froc de l'ermite et se bâtit une cellule de pierre, là, sur ce cap de basalte qui domine le couvent de Nonnenwerth. Une nuit, Roland fut réveillé par un chœur de voix virginales, qu'accompagnaient les murmures unis des arbres et du Rhin. Ce chant partait du monastère, et le paladin crut distinguer, dans cette émission de mélodie séraphique, la voix d'Hildegarde, cette voix qui ne s'adressait plus à lui, et faisait remonter bien haut l'ardente expansion d'un cœur à jamais perdu pour tout le monde. Une tristesse mortelle s'empara du jeune hermite, son âme se brisa de douleur ; il ne survécut pas à cette nuit.

Eh bien, j'aime mieux la légende que l'histoire ; j'aime mieux Roland tué par une voix de femme sur le Rhin que par un coup de lance à Roncevaux. Il y a un enseignement dans la légende ; il n'y a dans l'histoire qu'un fait brutal et vulgaire. Nonnenwerth gagnerait son procès contre Roncevaux, devant un tribunal de femmes. Par malheur, ce sont les hommes qui jugent toujours.

Le château de Rolandseck, bâti sur l'ermitage du paladin, a été détruit, selon la coutume, par Charles-le-Téméraire, ce précurseur de Gustave-Adolphe, mort de mort violente comme tous les guerriers illustres qui ont rougi de sang les vignobles du Rhin.

La tête du chemin de fer est aujourd'hui à Rolandseck. L'épée du noble paladin est le premier tronçon du rail. Charlemagne est le parrain de la première locomotive. Il est vrai que les Allemands soutiennent que Charlemagne est leur compatriote, et ils lui ont élevé une statue à Francfort.

On découvre bientôt à droite, sur une montagne à pic, les ruines du château de Drakenfels, bâti au douzième siècle par Frédérick, archevêque de Cologne, et détruit en 1520 ; c'est un voisin qui me donne cette érudition avec un *Guide* du Rhin. Je n'aime pas les *Guides*, ils m'empêchent de voir ; mais j'aime ceux qui les lisent, ils me dispensent de lire. Il y avait autrefois sur le flanc de la montagne de Drakenfels, là où nous voyons une caverne, un énorme dragon qui se nourrissait de passants. Le monstre fut ué par le chevalier Siegfried. Il y a je ne sais combien

d'histoires de dragons, depuis ceux de Rhodes et de
Tarifa, sans compter le dragon de Régulus ; ils ont
tous été tués par des chevaliers. Le jour où les dragons ont disparu, les chevaliers ont donné leur démission. Un philosophe campagnard a construit un
chalet non loin de la caverne de Drakenfels, et de là
il veille à la culture de ces belles vignes dont le vin
est ainsi nommé *sang de dragon*.

Voici Kœnigswinter, avec de beaux hôtels modernes
sur la rive ; on voit que le chemin de fer commence
à réveiller cette zone. A notre droite, la chaîne des
sept montagnes tombe du ciel et ferme la vallée du
Rhin. Une plaine sans bornes se déroule devant nous
et deviendrait une mer, si le fleuve avait assez d'eau
pour la remplir. Nous saluons, à gauche, la flèche
élancée de la cathédrale de Bonn, masquée un moment par le tuyau d'une usine. La rive est couverte
de jolies maisons de plaisance d'une architecture originale ; le musée du Rhin a exposé son dernier tableau féodal ou sauvage. Si la charmante ville de
Bonne ne s'épanouissait pas devant nous, dans sa
grâce rhénane, je regretterais les ruines, les montagnes à pic et les forêts sombres ; mais ici le Rhin
nous lance un nom qui fait tout oublier, un nom qui

sera l'éternelle gloire de l'Allemagne, le nom de Beethowen, le poëte de l'infini.

J'ai visité les humbles coins de terre où sont nés les trois plus grands poëtes de tous les siècles, les poëtes de mon affection première, ceux que je sais par cœur, Virgile, Shakespeare et Rossini ; et en observant minutieusement les localités qui entourent le berceau de ces trois présents de Dieu, j'ai toujours cru reconnaître la raison déterminante de leur génie dans le paysage voisin, compagnon naturel de leur enfance. Hier, en passant devant Bonn, par une journée magnifique et vraiment exceptionnelle, j'ai essayé de faire la même étude paradoxale pour Beethoven, autre poëte qui ne serait pas déplacé dans le quatuor, avec les trois premiers, comme son compatriote Weber ou Mozart. L'épreuve, cette fois, n'a pas été satisfaisante. Certes, devant Bonn, le Rhin est encore un beau fleuve ; le rivage voisin est bordé de jolis arbres ; l'horizon supérieur conserve, dans son lointain, la majesté des sept montagnes. Mais si je puis reconnaître et trouver dans cette nature le germe inspirateur qui a mis au monde de l'art la *Pastorale*, je ne découvre pas la note primesautière d'où s'élancent les sublimes accents de la symphonie en *ut mineur*, de la symphonie *Héroïque* et de *Fidelio*. En Italie et en Angleterre, devant le paysage natal de mes trois poëtes, je me disais : Le berceau a produit l'enfant, et l'enfant a produit l'homme ; c'est pour moi de toute évidence. A Bonn, je n'ai entendu que le Rhin ; il ne chante plus comme devant Sonneck ; il parle bourgeois, comme le Rhône devant la Camargue. Placez Bonn entre Bingen et Lurley, et je pourrais me donner complétement raison sur ma théorie : elle est donc en défaut, et ne peut rien prouver d'une manière absolue. Partout Beethoven aurait été lui. La terre inspiratrice lui manquant, il a écrit sous la dictée du ciel. Quel noble pays ! il a donné au monde trois divins poëtes qui ont créé la plus belle, la plus harmonieuse, la plus pure, la plus complète de toutes les langues ; la langue qui ne formule rien et qui exprime tout. Voilà les trois défenseurs des frontières du Rhin. Ils ont fait du Rhin un fleuve sacré.

Après Bonn, ce noble Rhin se transforme, se révèle sous un jour nouveau ; comme il est différent de ce Rhin superbe et sauvage qui baigne les roches de basalte ou de porphyre, piédestaux des *manoirs-brigands !* il arrose d'humbles chaumières, comme un fleuve d'opéra-comique ; il a des moulins comme une écluse de meunier; il a des métairies comme un torrent de mélodrame; il a des joncs murmurants, comme un lac de poëte poitrinaire; il a des files de peupliers, comme une limite de cadastre; il a des prairies émaillées de fleurs, comme l'*onde pure* de Dorat et de Bernis. Une tour féodale lui restait, on en a fait un moulin. La ville de Beethoven écoute la musique de Grétry. Nous venons d'entendre le Rhin nous déclamer ces magnifiques vers du Beethowen des vers :

> Chênes qui versez l'ombre aux pas du voyageur,
> Vous m'entendez ! Je voue à ce couteau vengeur
> Fosco, baron des bois, des vallons et des plaines,
> Sombre comme toi, nuit ! vieux comme vous, grands chênes !

Après cet éclat de tonnerre, le Rhin fredonne la chanson académique de M. Étienne, musique de Lebrun :

> Arbres, que vous êtes heureux,
> Vous lui prêtez votre ombrage !
> Ruisseau, dans tes flots amoureux
> Tu réfléchis son image !
> Que vous êtes heureux !

Nous sommes heureux aussi ; nous voyons poindre dans la plaine une montagne sombre, qui ressemble à un vaisseau à trois ponts démâté, et à l'ancre sur le Rhin ; c'est la cathédrale de Cologne ; c'est le vrai berceau de Beethoven ; c'est le nid de l'aigle. Il faudrait entendre sur le pont de *Gutenberg* l'orchestre du Conservatoire exécutant cette sublime fanfare d'enthousiasme qui éclate dans la symphonie en *ut mineur* : à cette cathédrale il faudrait ce salut, cet hymne de Beethoven, cette explosion de notes d'or, dans l'atmosphère des rayons où se baignent aujourd'hui les tours, les aiguilles, les clochers de la mystérieuse Cologne, l'auguste capitale du Rhin.

On entend retentir sur le pont deux cents malles de voyageurs ; c'est un fracas qui étourdit les têtes et menace les pieds. Le paquebot est envahi par les porteurs de bagages, et les garçons allemands qui chantent les noms de toutes les auberges de Cologne pour gagner leur prime de réclame. La foule des passagers se condense et sort comme un seul homme ; en un clin d'œil, le paquebot est désert.

X

SUR LE PAQUEBOT DU RHIN

— ÉCRIT AU CRAYON —

On m'avait promis des ruines romaines ; un savant d'occasion me prouvait que je les voyais à Niederbiller ; j'ai mis la meilleure volonté du monde pour les voir, j'ai même fermé les yeux ; rien ne m'a convaincu. A Heddersdorf, on m'a montré une pierre sans inscription, sous un chêne. C'est la tombe d'un officier français tué en duel par un officier prussien de la garnison de Neuwied, en 1816. J'ai voulu voir cette ville et saluer en passant le monument de Hoche. Un officier prussien se promenait sur la rive, en fumant; je lui ai demandé du feu ; nous avons croisé nos cigares; il parlait notre langue ; nous avons causé très-amicalement. Il attendait le paquebot *Prinz von Preussen* pour aller à Coblence. Au moment de nous séparer, il allait me raconter une anecdote de la veille, et il me la promettait curieuse. Les paquebots ne permettent pas de raconter des anecdotes ; ils touchent la station et partent. La journée était magnifique, le Rhin roulait des flots de rayons ; chacun disait autour de moi que la chaleur était intolérable, tout m'invitait donc à me faire passager du *Prinz von Preussen;* j'ai suivi mon ami d'une heure, à cause de l'anecdote, et mon dévouement a été récompensé. Voici l'anecdote.

La princesse de Neuwied habite un joli château tout près de cette ville, et elle fait noblement les honneurs de cette résidence d'été. L'autre jour elle a invité à dîner le major Paris, qui commande la place de Neuwied. Une fâcheuse et impérieuse exigence du service militaire est tout à coup survenue, et le major a écrit à la princesssse une lettre respectueuse pour s'excuser. La missive a été confiée à un gendarme, qui mérite d'être classé par Nadaud au chapitre *Pandore.* En remettant sa lettre, le major lui a dit :

— En revenant, apporte-moi mon dîner.

Tous les jours, le major dîne chez lui, et se fait apporter son dîner de l'hôtel de l'*Ancre,* à l'enseigne *Zum Ancker*.

C'est la camériste de la princesse, la *kammermœlchen,* qui a reçu le gendarme ; elle a fait attendre ce facteur, et au bout de cinq minutes, elle lui a rendu cette réponse verbale :

— Son Altesse regrette bien que le major Paris ne vienne pas dîner au château.

— Oui, a répliqué le gendarme, avec la solennité d'un soldat fidèle à sa consigne, oui, mais le major m'a ordonné de lui apporter son dîner.

La camériste, qui est un peu *Pandore* aussi probablement, a rapporté cette réponse du gendarme, et la princesse, aussi spirituelle qu'intelligente, a soupçonné là-dessous un quiproquo de vaudeville, et, sans se trahir par le moindre sourire, elle a ordonné qu'un dîner splendide fût placé dans une vaste corbeille et confié aux épaules du candide ambassadeur.

Le Pandore germanique, *glorieux d'une charge si belle,* comme dit la Fontaine, est venu la déposer sur la table du major Paris.

Les dîners militaires de l'hôtel de l'*Ancre* sont peut-être bons, tous les dîners se ressemblent ici ; mais, du premier coup d'œil le major Paris a reconnu que ce festin de Balthazar, *pour un*, ne venait pas de la cuisine quotidienne ; il a sonné. Le gendarme est accouru triomphant, et a raconté tous les détails de son expédition.

Sa naïveté a paru si touchante, que le major n'a osé faire aucun reproche ; il s'est contenu avec la sagesse d'un homme supérieur et tolérant, et a invité trois officiers de la garnison à ce dîner fabuleux.

Avant de se mettre à table, le major, connaissant le caractère bienveillant de la princesse, a voulu se faire représenter au dîner du château par un de ces magnifiques gâteaux de dessert qui sont la gloire sucrée des confiseurs allemands, et il a envoyé le même gendarme chez le plus habile architecte en pâtisseries, avec ordre d'acheter et de payer cinq *thalers* le chef-d'œuvre de la *conditorey*, et de le porter chez la princesse de Neuwied.

Le bon gendarme, se croyant en veine de succès, s'est recueilli, sur le chemin, pour accomplir cette nouvelle mission avec la même intelligence. Il a payé le gâteau, prix fixe, et, le portant comme une relique, il l'a donné à la cámériste, et s'est posé dans une attitude fière pour attendre une réponse.

— Donnez un thaler à ce brave homme, avait dit la princesse.

Et la suivante a remis ce pourboire princier au porteur.

Le gendarme a examiné la pièce d'argent avec un sourire malin, et a dit à la cámériste :

— Pardon, madame, le gâteau a coûté cinq thalers; il m'en revient quatre encore.

— Donnez-lui en quatre, a répondu la princesse en riant aux éclats.

Le major Paris était à table avec ses trois convives, lorsque le gendarme est entré, plus fier que de coutume, et a déposé les cinq thalers sur la nappe, en disant :

— La princesse ne voulait me donner qu'un thaler, mais je ne suis pas un conscrit, moi, j'en ai demandé cinq. J'espère que mon major sera content de moi.

Et, tournant sur ses talons, il est sorti, en se disant à lui-même : « Encore une commission aussi bien faite, et, à la première promotion, je passe brigadier. »

On ne parle à Neuwied que du gendarme du major Paris. La princesse raconte cette petite histoire, avec une hilarité charmante, à tous les visiteurs qu'elle reçoit. De Neuwied à Coblence, les passagers en ont fait leur entretien.

C'est à Coblence que le Rhin commence son drame aux cent tours. Jamais journée ne m'avait paru plus favorable pour remonter ce grand fleuve, et l'admirer dans toute sa splendeur ; je l'ai descendu bien des fois, mais presque toujours dans des conditions atmosphériques qui me déplaisent, et ne mettent pas dans un relief lumineux les merveilles que l'homme et la nature ont accumulées sur la double rive dans leur intelligente association.

Descendre le Rhin au vol de la vapeur, c'est assister à une féerie où le machiniste changerait de beaux décors à chaque minute, sans donner aux yeux le temps de les voir. En remontant le Rhin, on change de machiniste ; on nous donne un quart d'heure à chaque tableau. N'ayant rien de mieux à faire, j'ai continué ma route sur le *Prinz von Preussen*, paquebot découpé en oiseau à vapeur, et je me suis assis devant une table, un crayon à la main, comme un commissaire-priseur, pour écrire l'inventaire du mobilier du Rhin après la faillite de Gustave-Adolphe, tué sans testament.

Une longue tente couvre le pont ; les fleurs le parfument ; les toilettes des femmes le changent en salon de fête ; deux cascades d'écume le rafraîchissent. Tout le monde est sur le pont ; le spectacle va commencer ; le rideau de l'horizon monte dans les frises du ciel.

Nous laissons en arrière Lahnech et Stoltzenfels. Marxburg, perché dans l'azur, ressemble à une planète qui réfléchit le soleil à midi, pour faire concurrence à la lune. Une procession catholique remonte le Rhin sur une file de bateaux ; elle est partie d'Horchheim, elle va en pèlerinage au couvent de Bornhofen ; les femmes et les enfants chantent l'hymne du jour avec des voix d'une justesse et d'une pureté admirables ; je n'ai entendu qu'une fois un pareil accord de mélodie séraphique : c'est à Sienne, la ville de la langue douce et de la musique naturelle. En ce moment, les deux rives sont d'une beauté incomparable. On découvre à droite les deux flèches de l'église de Boppart, ville prussienne qui a démoli ses remparts pour s'entourer de bois, de prairies et de vignes. Après Boppart, le paysage prend des proportions superbes ; à gauche, des forêts escaladant des montagnes ; à droite d'autres montagnes tapissées de vignobles ; la nature sauvage et la nature civilisée, caressée par le Rhin, avec le même amour. A mi-côte, une maisonnette blanche, noyée dans une cataracte de verdure ; tout le monde regarde cet atome de pierres ; on demande au capitaine si c'est la cabane d'un ermite ou d'un philosophe. C'est un mineur... On n'a pas regardé un peu avant deux ruines de tours ; il y en aura tant à voir qu'on ne prend pas la peine de commencer pour si peu. Voilà Salzig. Ici, les ruines méritent un long regard. Ce sont les débris des châteaux de Sternberg et de Lichtenstein, qui décorent de leur magnifique dévastation le sommet d'une montagne. Voilà Velmich avec son château de la *Souris*, ruiné, selon le refrain d'usage. A gauche, nous avons vu arriver à Bornhofen la procession nautique ; c'est un jour de fête ; il y a des boutiques nomades sur le rivage ; la campagne est riante. Un seul édifice regarde le Rhin : c'est l'église, un couvent vaste comme un palais. Il y avait des capucins autrefois. Heureux capucins ! A Saint-Goar, la sérénité du présent s'efface dans les nuages du passé. La ruine n'a pas la teinte du grand coloriste de la guerre de Trente ans ; elle est née la veille et est d'origine française ; c'est un large et lugubre tableau, dont chaque lézarde nous laissait voir un pan de l'azur du ciel. Le paquebot s'arrête et fait un échange de passagers. On sert des glaces à la vanille sur le pont : Gustave-Adolphe n'en prenait pas. Malheureux roi !

Derrière l'immense ruine, on aperçoit une jolie maison de plaisance, à contrevents verts, une bastide marseillaise. Le propriétaire de cet immeuble rural est un philosophe campagnard. On m'a dit son nom, mais il y a tant de consonnes qu'une voyelle n'a pu trouver place pour s'y loger, et il m'est impossible de l'écrire, n'ayant jamais eu assez d'haleine pour le prononcer.

Les ruines qu'on aperçoit à gauche ont un caractère original ; elles sont couronnées d'arbres ; j'ai remarqué une tour qui avec son arbre, ressemble à un chevalier géant coiffé d'un panache. Les ruines s'amusent quelquefois.

En quittant Saint-Goar, on remarque la promenade de la ville ; c'est une montagne à pic, étagée de degrés larges ; on s'y promène verticalement. Le saumon abonde dans les eaux de Saint-Goar. Mes deux voisins racontent des pêches miraculeuses. En s'éloignant, les ruines prennent de nouveaux aspects ; puis le Rhin fait une courbe, on ne les voit plus.

Le cor retentit dans les bois; on craint une attaque de burgraves; nous entrons dans leur domaine; toute la poésie cyclopéenne de Victor Hugo éclate de la rive au sommet des monts. L'ombre de Fosco, *baron des bois, des vallons et des plaines*, apparaîtrait devant nous si elle ne craignait pas ce grand soleil. Ce son du cor est un prélude d'usage; la sombre et superbe vallée entretient, depuis la création, un écho célèbre. On tire des coups de fusil, et l'écho entonne une cavatine en s'accompagnant sur le clavier de vingt montagnes. Les passagers applaudissent, et l'écho répète les applaudissements. C'est le seul artiste qui jouisse de ce privilége; il se nomme Lurley : beau nom d'écho.

Voici Shonberg et le passage des Sept-Vierges. Ces rochers, dit la légende, furent autrefois sept jeunes filles au cœur de marbre, — c'est un homme qui a écrit cette légende; — elles repoussèrent toutes les déclarations d'amour et toutes les demandes en mariage avec un tel acharnement, que le vieux Rhin, scandalisé de tant de vertus, les changea en rochers. La légende a calomnié ces jeunes filles et le Rhin. Voici Oberwesel, ses ruines, sa cathédrale; c'est un mélange d'arbres, de remparts, de terres décrépites, de pierres noires, de verdure ardente; un paysage très-varié. J'ai principalement regardé une tour gracieuse comme la tour de Friedberg. A gauche, c'est-à-dire sur la rive droite, on commence à entrevoir quelque chose d'étrange qui fait son invasion dans la vallée du Rhin : c'est un nouveau conquérant, mais il n'a rien de commun avec Gustave-Adolphe, celui-là; c'est le chemin de fer du Nassau ; il est déjà arrivé sur ce point, et il fonctionne. On distingue les chapelets des wagons neufs sur une ligne de vignobles. Encore un peu de temps, et nous verrons la plus curieuse des courses au clocher sur ce rivage : la locomotive et le Rhin descendant de Biebrich à Lahneck. On parie pour la locomotive ; le Rhin sera distancé. En attendant, courons sur le Rhin. Voilà Caub, un joli village qui a peint ses maisons à l'italienne; nous admirons une ruine perchée sur une pyramide naturelle ; on me montre un rocher où Gustave-Adolphe avait établi son quartier général dans une bataille livrée aux Espagnols. Ce pays est riche en ardoisières, et on a eu l'heureuse idée de coiffer d'ardoises une vieille tour baignée par fleuve, pour signaler au loin le commerce local avec une enseigne parlante. Si le chevalier qui a bâti cette tour revenait au monde, il la décoifferait. Une voix de passager instruit montre la ruine de Caub et dit : C'était le château de Gutenfels; on l'a démoli en 1807.

Un peu plus haut, le Rhin se hérisse d'écueils, et nous montre sur une île le château de l'ancien péage, le Pfalz. En 1814, le général Blucher profita de ces écueils pour passer le fleuve avec son armée. Passons. Quelle dérision du hasard contre le triste jeu de la guerre ! Après le Pfalz, nous trouvons le *Bacchara*, et son île, *Bacchi ara*, autel de Bacchus. Ce dieu méritait bien d'être adoré sur cette plage du Rhin : nous allons bientôt voir Johannisberg. Les bacchantes, dit la légende, emprisonnées dans cette île, inventèrent un jeu. Or, ce jeu ne peut pas être autre chose que le *Bacchara;* et les bacchantes modernes, fidèles à la tradition, continuent les *parolis* de leurs aïeules. On le jouait avec des *tarots*, cartes aussi vieilles que les bohémiennes. L'histoire abuse du mensonge quand elle fait inventer les cartes pour un roi fou. On jouait aux *tarots* dans l'arche de Noë ; le prétendu inventeur des cartes a volé Charles VI, ce qui n'ôte rien au mérite du chef-d'œuvre d'Halévy.

Le paquebot a abattu *neuf* passagers sur Bacchara,

nombre toujours favorable à la navigation. Je les ai comptés un à un, car je redoutais le fatal chiffre *dix*. En voyage, on est très-superstitieux. Le système décimal est une belle chose, excepté au Bacchara.

Je recommande aux voyageurs le paysage que Bacchara nous promet; le Rhin vient à nous dans une longue et magnifique vallée, toute tapissée de verdure et déserte comme une solitude de Java. On ne voit pas même une ruine. Les passagers ne causent plus; tous les yeux sont fixés sur cet immense corridor ouvert par le grand fleuve; les ennemis de l'admiration se mettent à l'écart et admirent. A peine une voix de blasé incurable ose-t-elle se faire entendre; elle demande de l'eau fraîche et du rhum. Le garçon de café est à son premier voyage; il admire, comme tout le monde, et ne répond pas; la voix s'irrite, on lui répond encore moins; la voix s'éteint. Le Rhin chante seul son antique chanson dans un silence sublime, et le paquebot l'accompagne avec le battement de ses ailes de fer.

On demande des ruines. En voici. Nous côtoyons le village de Rheindlebach, et nous nous inclinons devant les vénérables ruines de notre connaissance, car nous les avons faites dans la guerre de 1689, pour amuser la seconde enfance de Louis XIV, et envoyer quelque chose de neuf aux ennuis de madame de Maintenon. Deux gigantesques pans de murs sont debout devant cette dévastation, et aux heures étoilées de la nuit, ils doivent ressembler à deux fantômes qui s'entretiennent du maréchal de Boufflers. Au moment où j'écris ces lignes au crayon, sur la rampe du paquebot, le soleil, qui ne s'attriste de rien, lui, couvre de ses plus doux rayons cet horrible champ de carnage, et fait trop ressembler mes deux fantômes à ce qu'ils sont, deux plats lambeaux de rempart. Minuit a souvent le tort d'être midi.

Après les ruines de Heinburg, de Furstenberg, de Rudesheim, nous nous réjouissons devant un phénomène : c'est un château intact, c'est Sonneck restauré par le roi de Prusse. Rien n'est charmant à voir comme la montagne, sa voisine ; elle est ouatée de verdure, et douce à l'œil comme un manteau d'hermine ; on dirait qu'elle se soulève pour couvrir les épaules de ce gracieux Sonneck. De l'autre côté, sur la rive droite, on voit un magnifique amphithéâtre de montagnes tout écartelé de carrés de vignobles à mille nuances, comme l'immense étalage des échantillons d'un commerce de drapier. Tout à coup, der-

rière un promontoire de vignobles, on voit surgir la
ruine massive de Falkenburg, sur un fond sauvage.
Puis, voici le Rheinstein, tout simplement une merveille. En 1825, c'était encore un cadavre comme
Stoltzenfels et Lahnech, et le prince Louis de Prusse
l'a complétement rétabli dans sa splendeur de moyen
âge. Tout le monde est sur le pont; le nom de Rheinstein est dans toutes les bouches; le paquebot semble
ralentir sa marche, pour donner le temps de mieux
voir cette aire de burgraves; on cite les vers de Victor
Hugo, l'historien et le poëte du Rhin; ces vers qui
marchent sur vingt-quatre pieds sans violer la mesure,
et qui retentissent comme la *tartarea tromba* du grand
poëte italien. La tour de Rheinstein s'élève bien
haut; elle semble personnifier le burgrave colossal
qui, du haut de la montagne, jetait ses défis à la
plaine; un roc à pic est le piédestal du burg, et la
pierre des fondements est de la couleur du roc; une
terrasse à balustre fait saillie, et sert de belvédère,
de kiosque ou de balcon; la chapelle gothique, bâtie
en dehors, semble demander l'aumône à la porte du
château. Plus loin, dans un bois touffu et sombre,
surgit la cime d'une tour; c'est comme une sentinelle
qui regarde par-dessus les arbres pour observer la

marche de l'ennemi. Cette admirable relique de Sonneck rayonne au soleil dans un immense cadre de forêts et de montagnes, dont la bordure est le Rhin. Tout près de là, on découvre, au sommet d'une colline étagée de vignes, la parodie du château des Burgraves ; je l'ai montrée à mes voisins ; c'est un chalet suisse, que ne défendent ni tours ni remparts ; il occupe la place d'un château-fort disparu. Les burgraves se sont faits bergers. Un peu plus loin, sur l'autre rive, on aperçoit une tour énorme, dominant de vastes murailles toutes percées de murailles à jour.

Nous entrons sur le domaine des écueils. Voilà la *Tour des Souris* sur une île. Le Rhin avait ses motifs particuliers quand il a voulu fermer le val des burgraves par une barrière de roches à fleur d'eau. Il semblait dire au voyageur : N'allez pas plus loin ; et pendant fort longtemps la navigation, resserrée dans un courant trop étroit, paraissait dangereuse sur ce point. Frédéric-Guillaume III, roi de Prusse, a fait exécuter un long travail de mines, qui a ouvert un libre passage et supprimé tous les dangers. Nous saluons les ruines du château d'Ehrenfels, œuvre française de 1689, et nous reposons nos regards sur la charmante ville de Bingen. Le paquebot s'arrête. Les passagers de Bingen courent à l'échelle; chacun veut descendre le premier. On entend un cri formé de cent cris. *Un homme à la mer!* dit un marin d'eau douce. Ce n'est pas un homme, c'est le chapeau d'une jeune femme qui vient de tomber dans le Rhin. Un garçon de café se jette courageusement à l'eau et sauve la vie au paméla. On applaudit; c'est le seul incident de ce voyage ; un narrateur recueille ce qu'il peut.

Sur l'autre rive, nous découvrons bientôt le grand bourg de Rudesheim avec ses quatre châteaux moyen âge. Un de ces châteaux, bâti en plaine pour défendre l'ouest du bourg, est flanqué d'une tour, et il a fait son temps de ruines. Un propriétaire fantaisiste a meublé très-confortablement, et avec luxe même, la tour et le château, mais en laissant à l'extérieur son lugubre caractère de dévastation. C'est maintenant une ruine hypocrite. La mousse et le lierre qui couvrent les toits sont comme une chevelure fausse tressée par un habile coiffeur en bâtiments. Je soupçonne ce châtelain allemand d'être un Anglais. Par malheur, je n'ai pas le temps *d'enquérir*, comme on dit, en style de blason. Le paquebot marche encore très-vite bien qu'il prenne le Rhin à rebours.

Sur l'autre rive, nous découvrons un château tout neuf, que je mettrais volontiers en ruines si j'étais Gustave-Adolphe, et il serait alors admirable à voir : *mirabile visu*. C'est une parodie pétrifiée. Deux passagers, mes voisins, qui commettent l'indiscrétion de lire ce que j'écris au crayon, trouvent ce château admirable. Un homme riche a voulu faire là un cours d'éclectisme en architecture, et un maçon docile l'a servi à souhait. Cette macédoine de bâtisses renferme une tour gothique, une chapelle indigente, une pagode, une mosquée, un mur à créneaux, une chose bysantine, une bastide marseillaise, une treille italienne, le tout assaisonné de verdure, comme un plat de restaurateur soigneux. On a demandé l'auteur ; c'est un anonyme. Je ferai des recherches à Francfort.

Nous découvrons une île toute verte et finement découpée sur sa quille ; elle ressemble à un vaisseau énorme qui a pris une forêt pour passagère et la transporte à Cologne pour achever sa cathédrale. Voici Geissenheim et ses maisons de plaisance. Ici le Rhin a deux mille pieds de largeur ; c'est une mer qui marche. Plus de ruines, plus de châteaux, plus de terres : il fallait des Thermopyles aux burgraves.

Tous les yeux sont fixés sur un édifice vulgaire et plat qui s'abaisse au sommet d'une montagne. C'est le Johannisberg, le château du prince de Metternich, un ancien couvent de Bénédictins. Le vin de cette côte d'or donnait la science infuse à ces bons religieux. Étonnez-vous ensuite de leurs travaux. Toutes les conditions des vignobles généreux détaillés par Virgile dans les *Géorgiques* se retrouvent devant ce magnifique paysage de Johannisberg; les collines s'arrondissent partout, l'aquilon souffle du Rhin, le froid vient du mont Taunus : les trois choses que *Bacchus aime : Bacchus amat colles, aquilonem et frigora.* Ce grand Virgile! il avait aussi prévu le vin de Johannisberg! Ces maisons de plaisance, ces jardins, ces châteaux qui se montrent sur cette rive droite du Rhin sont les domaines des riches industriels de Mayence et de Francfort; chacun veut avoir sa vigne sur un orteil du Johannisberg et verser dans sa coupe de Bohème une goutte d'or du Bacchus rhénan. J'aime mieux le Léoville ou le Chambertin, soit dit en passant et en paquebot, et sans vouloir insulter aucune espèce de Bacchus, surtout l'Indien.

Le Rhin, en s'élargissant, a changé de caractère; il ne montre que de jolis villages, des guérets fertiles, des sillons nourriciers, des agriculteurs heureux ; il est classique, et si l'abbé Delille l'avait vu dans cet état de fermier, il l'aurait traduit. Cependant on regarde toujours avec plaisir les villages et les bourgs qui jalonnent la rive droite, après le Johannisberg ; même après tant de ruines, on se repose agréablement avec les bucoliques de Winkel, de Mittelheim, d'Oestrich, de Mattenheim. Un grand souvenir retient longtemps le regard sur le bourg de Nieder-Ingelheim, où Charlemagne se bâtit une magnifique demeure. On cotoie ensuite Erbach, Eltville, Nieder-Waluff et Scherstein. Un horizon magnifique nous montre alors une ville asiatique : c'est Mayence avec ses dômes, ses tours, ses clochers ; une de ces villes qui, de loin, promettent des merveilles. Le paquebot s'arrête à Biebrich, devant le superbe château, résidence du duc régnant. La journée est bonne ; Titus en eût été satisfait ; je remercie le gendarme du major Paris ; sans lui, je n'aurais peut-être jamais remonté le Rhin.

FIN.

TABLE

		Pages
I. —	UN MUSICIEN COURONNÉ.............	1
II. —	LE CHATEAU DE LA FAVORITE........	85
III. —	POTSDAM ET SANS-SOUCI............	187
IV. —	LA WILHELMA......................	203
V. —	LES CHATEAUX DE RIBEAUPIERRE.....	235
VI. —	LA PARISIENNE A BADE.............	245
VII. —	LE VIEUX CHATEAU A BADE..........	257
VIII.—	LES TROIS AGES DE BADE...........	263
IX. —	DE COBLENCE A COLOGNE............	281
X. —	SUR LE PAQUEBOT DU RHIN..........	299

Paris. — Imprimerie VALLÉE, 15, rue Breda.

LIBRAIRIE DE MICHEL LÉVY FRÈRES

OUVRAGES PARUS FORMAT GRAND IN-18,
à 3 francs le volume.

BLANCHE ET MARGUERITE
Par Arsène Houssaye. . . . . 1 vol.
LES DEMOISELLES TOURANGEAU
Par Champfleury. . . . . 1 vol.
LA POLOGNE CONTEMPORAINE
Par Charles de Mazade. . . . . 1 vol.
THÉÂTRE COMPLET
D'Alexandre Dumas. Tomes I à III. Nouvelle édition. 3 vol.
TROIS GÉNÉRATIONS. 1789, 1814, 1848
Par M. Guizot. — 3ᵉ édition. . . . . 1 vol.
LETTRES INÉDITES DE J. C. L. DE SISMONDI
Suivies de lettres de Bonstetten, de Mᵐᵉ Staël et de Sc avec
une introduction par M. Saint-René Taillandier. . 1 vol.
LES MONDES — CAUSERIES ASTRONOMIQUES
Par A. Guillemin. 3ᵉ édition. . . . . 1 vol.
MADEMOISELLE LA QUINTINIE
Par George Sand. 2ᵉ édition. . . . . 1 vol.
LE MARI DE LA DANSEUSE
Par Ernest Feydeau 2ᵉ édition. . . . . 1 vol.
LES FILS DE TANTALE
Par Amédée Rolland. . . . . 1 vol.
LES BONSHOMMES DE CIRE
Par l'Auteur des Salons de Vienne et de Berlin. . . 1 vol.
LE MARIAGE DE GERTRUDE
Par Mario Uchard. 3ᵉ édition. . . . . 1 vol.
LA POSSÉDÉE. — LE COLONEL PIERRE. — LE DOCTEUR ROGER
Par Henri Rivière. . . . . 1 vol.
NOUVEAUX LUNDIS
Par C.-A. Sainte-Beuve, de l'Acad. française. 1ʳᵉ série. 1 vol.
HISTOIRE DE SIBYLLE
Par Octave Feuillet, de l'Acad. française. 7ᵉ édition. 1 vol.
UN DÉBUT DANS LA MAGISTRATURE
Par Jules Sandeau. 2ᵉ édition. . . . . 1 vol.
HISTORIENS, POÈTES ET ROMANCIERS
Par Cuvillier-Fleury. . . . . 2 vol.
NOUVELLES SEMAINES LITTÉRAIRES
Par A. de Pontmartin. . . . . 1 vol.
CONTES FANTASTIQUES ET CONTES LITTÉRAIRES
Par Jules Janin. Nouvelle édition. . . . . 1 vol.

www.ingramcontent.com/pod-product-compliance
Lightning Source LLC
Chambersburg PA
CBHW060654170426
43199CB00012B/1787